Nick Harrison

O PODER DAS PROMESSAS DE DEUS

O que a Bíblia ensina sobre como
vencer os maiores obstáculos da vida

Tradução
Markus Hediger

Rio de Janeiro, 2015

Título original: *Power in the Promises: Praying God's Word to Change Your Life*
Copyright © 2013 by Nick Harrison
Copyright da tradução © Vida Melhor Editora S.A., 2015

As citações bíblicas são da *Nova Versão Internacional* (NVI), da Biblica, Inc., a menos que seja especificada outra versão da Bíblia Sagrada.

As posições doutrinárias e teológicas desta obra são de responsabilidade de seus autores e colaboradores diretos, não refletindo necessariamente a posição da Thomas Nelson Brasil, da HarperCollins Christian Publishing ou de sua equipe editorial.

PUBLISHER	*Omar de Souza*
EDITORES	*Aldo Menezes* e *Samuel Coto*
COORDENAÇÃO DE PRODUÇÃO	*Thalita Aragão Ramalho*
PRODUÇÃO EDITORIAL	*Daniel Borges do Nascimento*
TRADUÇÃO	*Markus Hediger*
REVISÃO DE TRADUÇÃO	*Édipo Gomes*
REVISÃO	*Luiz Antonio Werneck Maia* e *Leonardo Vianna*
CAPA	*Valter Botosso*
DIAGRAMAÇÃO	*DTPhoenix Editorial*

CIP-Brasil. Catalogação na publicação
Sindicato Nacional dos Editores de Livros, RJ

H261p   Harrison, Nick
O poder das promessas de Deus : o que a Bíblia ensina sobre como vencer os maiores obstáculos da vida / Nick Harrison ; tradução Markus Hediger. - 1. ed. - Rio de Janeiro: Thomas Nelson Brasil, 2015.

Tradução de: Power in the promises: praying god's word to change your life
ISBN 9788578607067

1. Deus. 2. Bíblia - Estudo e ensino. 3. Cristianismo. 4. Vida cristã. I. Título.

CDD: 220.6
CDU: 27-276

Thomas Nelson Brasil é uma marca licenciada
à Vida Melhor Editora S.A.
Todos os direitos reservados à Vida Melhor Editora S.A.
Rua Nova Jerusalém, 345 — Bonsucesso
Rio de Janeiro — RJ — CEP 21402-325
Tel.: (21) 3882-8200 — Fax: (21) 3882-8212 / 3882-8313
www.thomasnelson.com.br

SUMÁRIO

Agradecimentos...7

Primeira parte: O que a Bíblia ensina sobre
a reflexão interior? 11

Segunda parte: Assuntos para a reflexão interior 39
Eu **permaneço** em Cristo... 41
Deus é o meu **provedor** 43
Em Cristo sou mais forte que meus **vícios** 45
As **adversidades** apenas me fortalecem...................... 47
Deus fala comigo em minhas **aflições** 49
Envelhecer também é uma bênção............................ 51
Deus designou **anjos** para me guardar....................... 53
Sou lento para a **ira** e pronto para perdoar 55
Entrego minha **ansiedade** a Deus.............................. 57
A **Bíblia** me mostra Deus.. 59
Minha vida é repleta de **bênçãos** 61
Deus estabeleceu **limites** para a minha vida............... 63
Relacionamentos danificados machucam meu coração 65
O Senhor é quem me dá **descanso** 67
Filhos são um presente de Deus............................... 69
Posso encontrar satisfação em todas as **circunstâncias** 71
Deus **ilumina minha mente** para resolver situações complicadas....73
Eu tenho a **compaixão** de Cristo 75
Não há **condenação** para aqueles que estão em Cristo 77
Sou feito à imagem de um Deus **criativo**.................... 79
Não temo a **morte**, pois sei que Deus me receberá 82
Deus me dá sabedoria nas **decisões**........................... 84
Quando estou **deprimido**, sei que Deus está comigo................ 86
Deus me chamou com um **propósito** 88
Deus me ajudará a lidar com **pessoas difíceis** 90

Deus **abrirá outra porta** em lugar da que se fechou 92

Deus não muda, mesmo quando ocorre uma **catástrofe**........... 94

Deus me dá **discernimento** 96

Deus me dá **disciplina** 98

Deus me proporciona **encontros maravilhosos** 100

Com a ajuda de Deus, superarei minhas **dúvidas** e
avançarei na fé 102

Deus me liberta da **dependência emocional** 104

Não sou prisioneiro das minhas **emoções**............................ 106

Deus me ajuda a ter **sucesso** no trabalho 108

Deus é meu grande **encorajador**.. 110

Meus **inimigos** não podem me arruinar 112

Deus é minha fonte de **força**... 114

Eu tenho a dádiva da **vida eterna** 116

Deus me usa para **alcançar os perdidos** 118

Deus é mais forte que o **mal** que me ameaça........................ 120

Procuro fazer sempre **o melhor** para o Senhor 122

Não exporei meus **olhos** a nenhuma iniquidade 124

Meus **fracassos** podem se transformar em passos
para o meu sucesso.. 126

Eu vivo pela **fé**, não pelo que vejo... 128

Deus se importa com a minha **família**.................................. 130

Eu tenho o **favor** de Deus 132

Não tenho motivos para **temer**... 134

O **temor do Senhor** é o princípio da sabedoria...................... 136

Sou responsável com minha **alimentação** 138

Eu **perdoo** aqueles que fizeram algo contra mim 140

Deus preparou um **futuro** feliz para mim............................. 142

Em resposta à **generosidade** de Deus, serei generoso 144

Não há barreiras entre mim e o **amor de Deus**...................... 146

Deus é Senhor também nos **tempos bons**............................. 148

A **graça** de Deus é maior do que o meu pecado...................... 150

Não tenho mais **culpa**, pois Deus perdoou
todos os meus pecados 152

A **felicidade** vem do conhecimento de Cristo....................... 154

Deus me mantém forte nos **tempos difíceis**.......................... 156

Deus me dá **saúde** a cada dia 158

Eu sou um cidadão do **céu** 161

O **Espírito Santo** habita em mim 163
Eu rejeito todas as formas de **idolatria** 165
Para Deus nada é **impossível** 167
Não cultivarei **pensamentos impuros** 169
Minha **herança** como filho de Deus é imperecível 171
Sou uma pessoa **íntegra** 173
Eu exalto o Senhor **Jesus Cristo** na minha vida 175
Minha vida é marcada pela **alegria** 177
Em Cristo estou livre do **legalismo** religioso 179
Nunca estou **só**, pois Deus é meu companheiro 181
Amem uns aos outros 183
Deus de **milagres**. Ele é o mesmo ontem, hoje e para sempre 185
Deus é o Senhor também do meu **dinheiro** 187
Eu sou uma **nova criação** em Cristo 190
Eu rejeito o poder do **ocultismo** na minha vida 192
Deus me proporciona **oportunidades** inesperadas 194
Meu **passado** ficou para trás 196
Eu esperarei no Senhor **com paciência** 198
Grande **paz** têm aqueles que pertencem ao Senhor 200
Sou bem-aventurado quando **perseguido**
        por causa de Cristo 202
Eu me comprometo a ajudar os **mais necessitados** 204
O **louvor** a Deus estará sempre em meus lábios 206
Creio no poder da **oração** 209
As **promessas** de Deus valem mais do que o ouro 212
Deus se agrada quando eu sou **próspero** 214
Estou **seguro** nas mãos de Deus 216
Eu posso ser **rejeitado** na terra, mas Cristo me aceita 219
O **arrependimento** me liberta para avançar em Cristo 222
Minhas provações não me vencerão. Tenho **perseverança** em
        Cristo 224
Eu **descanso** em Cristo 226
Eu sirvo a um Deus que traz **restauração** 228
Eu vivo na esperança do **retorno de Cristo** 230
Sou **salvo** pela fé em Jesus Cristo 232
Eu supero cada **ataque satânico** pela força de Cristo 234
Minha **autoestima** se baseia no amor de Cristo por mim 236
O **serviço** é o verdadeiro distintivo de um seguidor de Cristo . 239

Sexualidade saudável é um presente de Deus 241

Cristo me dá vitória sobre o **pecado** 243

Deus alivia minha **tristeza** com a sua compaixão 245

Deus é **soberano** 247

Quando enfrento uma **guerra espiritual,**
eu sempre derroto o Inimigo 249

Meus **passos** são guiados pelo Senhor 251

Eu entrego minhas **preocupações** ao Senhor 253

Deus derrubará as **fortalezas** que me mantêm prisioneiro 255

Confiarei em Deus para me ajudar em meu **sofrimento** 257

Entregar-me significa permitir que Deus dirija minha vida 259

Posso prevalecer sobre minhas **tentações** 261

Transbordo de **gratidão** a Deus 263

Deus reservou bastante **tempo** para tudo na minha vida 265

Minha **língua** é uma fonte de bênçãos para os outros 267

Continuarei confiando em Deus mesmo que ocorra
uma **tragédia** 269

Minhas **provações** são ocasiões para Deus mostrar
a sua fidelidade 271

Uma **oração não respondida** é uma contradição 273

Em Cristo somos todos irmãos e caminhamos para a **unidade** 275

Na minha **fraqueza** está a força de Deus 277

Deus não esconde sua **vontade** 279

A **sabedoria** de Deus me guiará e me recompensará 281

Eu escolho ser amigo de Deus, e não do **mundo** 283

Eu não permito que os **eventos do mundo** me amedrontem .. 285

Eu entrego a Deus as minhas **preocupações** e
recebo a sua paz 287

Deus acende em mim o **zelo** por servi-lo 289

Um exercício final 291

Notas 295

DEDICATÓRIA

Este livro é para Beverly, o amor verdadeiro da minha vida.

AGRADECIMENTOS

Gostaria de agradecer a várias pessoas que tiveram um impacto sobre a minha vida ao longo dos anos: Noni Noble, um dos primeiros cristãos que conheci, que continua a manifestar Cristo; Elaine Wright Colvin, uma maravilhosa líder de torcida por minha carreira como escritor já há muitos anos; Jan Brophy, um homem que entende o poder da Palavra de Deus; e Cec Murphey, verdadeiramente um dos meus grandes encorajadores. Minha vida tornou-se melhor com sua amizade.

Meus irmãos e minhas irmãs em Cristo da Willamette Bible Chapel têm sido uma benção para mim já há vários anos. Obrigado pelo entusiasmo com que confiam nas promessas de Deus.

Muito obrigado também ao pessoal da editora Zondervan, incluindo Carolyn McCready, Bob Hudson e Laura Weller.

Obrigado também a Kimberly Shumate por confiar em mim durante tanto tempo.

E, é claro, agradeço também à minha família — o maior presente de Deus aqui na terra.

Obrigado!

Agora, SENHOR Deus, confirma para sempre a promessa que fizeste a respeito de teu servo e de sua descendência. Faze conforme prometeste.
2SAMUEL 7:25

Não ficou sem cumprimento nem uma de todas as boas promessas [do SENHOR].
1REIS 8:56

Nada é impossível para Deus.
LUCAS 1:37

Quantas forem as promessas feitas por Deus, tantas têm em Cristo o "sim".
2CORÍNTIOS 1:20

Aquele que prometeu é fiel.
HEBREUS 10:23

Primeira parte

O que a Bíblia ensina sobre a reflexão interior?

*Deus jamais fez uma promessa
boa demais para ser verdadeira.*

— D. L. MOODY

TENHO UMA PERGUNTA PARA VOCÊ: os cristãos deveriam ter uma vida feliz e despreocupada?

Ok, espere. Confesso, é uma pegadinha. A resposta é sim e não. *Sim*, um cristão deveria ser sempre feliz; mas, *não*, a vida cristã nem sempre será livre de preocupações. Tenho certeza que você concorda com a última parte da minha resposta, mas suspeito que você não tenha tanta certeza sobre a parte do "sempre feliz".

No entanto, a Bíblia — a fonte da verdade para os cristãos — confirma ambas as respostas em vários trechos. Aqui estão alguns versículos que falam sobre situações de dificuldade:

O SENHOR é refúgio para os oprimidos,
uma torre segura na hora da adversidade.

— SALMOS 9:9

No dia da adversidade
ele me guardará protegido em sua habitação;
no seu tabernáculo me esconderá
e me porá em segurança sobre um rochedo.

— SALMOS 27:5

Tu és o meu abrigo;
tu me preservarás das angústias
e me cercarás de canções de livramento.

— SALMOS 32:7

Este pobre homem clamou, e o SENHOR o ouviu;
e o libertou de todas as suas tribulações.

— SALMOS 34:6

O justo passa por muitas adversidades,
mas o SENHOR o livra de todas.

— SALMOS 34:19

O SENHOR é bom, um refúgio em tempos de angústia.
Ele protege os que nele confiam.

— NAUM 1:7

Bendito seja o Deus e Pai de nosso Senhor Jesus Cristo, Pai das misericórdias e Deus de toda consolação, que nos consola em todas as nossas tribulações, para que, com a consolação que recebemos de Deus, possamos consolar os que estão passando por tribulações. Pois assim como os sofrimentos de Cristo transbordam sobre nós, também por meio de Cristo transborda a nossa consolação.

— 2CORÍNTIOS 1:3-5

Esses são apenas alguns de muitos versículos da Bíblia que confirmam que teremos problemas na vida. Mas talvez você tenha percebido que a maioria deles contém também uma *promessa* de Deus para quando você enfrentar dificuldades. Em praticamente todos os casos, lemos que Deus será nosso refúgio e nossa fortaleza. Ele nos manterá seguros, nos esconderá e nos colocará sobre uma rocha. Ele nos protegerá, nos libertará e nos consolará.

No que diz respeito à felicidade na vida dos cristãos, veja os seguintes versículos:

Alegrem-se [...] os justos!
Exultem diante de Deus!
Regozijem-se com grande alegria!

— SALMOS 68:3

Aleluia!
Como é feliz o homem que teme o SENHOR!

— SALMOS 112:1

Como é feliz o povo cujo Deus é o SENHOR!

— SALMOS 144:15

Ao homem que o agrada, Deus dá sabedoria, conhecimento e felicidade.

— ECLESIASTES 2:26

Descobri que não há nada melhor para o homem do que ser feliz e praticar o bem enquanto vive.

— ECLESIASTES 3:12

Outros versículos nos dizem que devemos ser sempre alegres, corajosos, destemidos, confiantes, gratos — todo tipo de coisas positivas. Na verdade, a vontade Deus é que seu povo seja feliz — feliz quando as coisas vão bem e feliz também quando as coisas não vão tão bem. Do ponto de vista de Deus, nossa felicidade não deveria depender de circunstâncias externas.

De que, então, deveríamos depender para ser felizes?

Para o cristão, a felicidade verdadeira provém de seu relacionamento amoroso com seu Pai celestial. Este relacionamento supera tudo: um passado sórdido, um presente preocupante e um futuro imprevisível. É claro, a felicidade que Deus deseja para nós depende da nossa disposição em confiar nele. Demonstramos confiança acreditando em sua Palavra e especificamente em suas promessas contidas na Bíblia. Chamamos isso de *fé*. A fé em nosso Deus é um tema dominante em toda a Bíblia. Na verdade, ela nos diz que a fé agrada a Deus.

Mas será que realmente podemos encontrar felicidade simplesmente tendo fé nas promessas de Deus? É possível vivermos despreocupados quando nosso casamento está em perigo, quando nossos filhos são rebeldes, quando nossa saúde está frágil, quando nossa conta bancária está zerada e quando as manchetes do noticiário nos dão arrepios?

Sim, é possível — não importa o que aconteça. Os problemas nos chegam em todo tipo de embalagem. A sua pode ser diferente da minha, e a minha diferente da do meu vizinho, mas o remédio permanece o mesmo: *a confiança no poder das promessas de Deus, que nos foram reveladas na Bíblia.*

Às vezes parece que Deus nos dá muitas oportunidades para aplicar suas promessas. Essas oportunidades costumam ter nomes como problema, preocupação, doença, perda financeira, relacionamento conturbado e outros. Quando nos deparamos com necessidades tão profundas em nossas vidas, se ouvirmos com atenção, podemos ouvir Deus chamando: "Aproxime-se, aproxime-se."

Um dos momentos mais difíceis da minha vida veio na forma de um desastre econômico. Fiquei muito desencorajado quando parecia não haver saída para a minha situação insuportável. No entanto, quando cheguei ao fundo do poço, Deus me ajudou a ver minha situação do seu ponto de vista. Eu me vi tentando nadar contra a correnteza num rio violento, sem conseguir chegar a lugar algum. Então, foi como se Deus dissesse: "Pare de lutar, Nick. Você não consegue nadar contra essa correnteza. Mas se você parar de lutar e permitir que essas águas o levem, eu prometo que você acabará encontrando solo firme na margem da minha vontade."

E foi o que fiz. Ao longo dos meses seguintes meu problema não desapareceu. De certa forma, até piorou. No entanto, eu tinha a paz de saber que, de alguma forma, tudo transcorreria como Deus havia prometido — eu sairia são e salvo daquela situação. Ou, melhor ainda, eu acabaria na praia — exatamente onde Deus queria que eu estivesse.

Passaram-se pelo menos dois ou três anos até eu poder dizer que aquele episódio terrível agora fazia parte do meu passado e que eu havia realmente encontrado o lugar perfeito em que Deus me queria. Eu quero passar por aquela situação mais uma vez? Não! Mas não trocaria por nada aquilo que tenho agora. *Deus agiu.* Sua promessa provou ser confiável.

E quanto a você? Você está lutando contra alguma correnteza violenta neste momento? Você está enfrentando algo ou alguém que parece ser insuperável? Você está deixando se levar tranquilamente, mas deseja uma vida mais plena? Seja como for, eu espero que você não me considere simplista quando lhe digo que Deus é por você. Agarre-se em suas promessas e não as solte. Confie nele. Confie nele. *Confie nele.*

Não estou sugerindo que você pode simplesmente usar as promessas de Deus para afastar as provações da sua vida. Isto certamente não aconteceu comigo. Acreditar nas promessas de Deus não é uma fuga da realidade ou dos problemas que nos atormentam, mas as promessas divinas são pedras que podemos usar para avançar na vida. O grande pregador inglês Charles Spurgeon disse exatamente isso: "A Bíblia é um livro de promessas preciosas; durante todo o caminho que precisamos viajar, elas parecem ser como uma série de pedras que atravessam a correnteza do tempo, e podemos caminhar de uma promessa para a próxima sem jamais molhar os nossos pés em nosso caminho da terra para o céu, se soubermos como manter nossos olhos abertos e encontrar as promessas certas em que pisar."

O poder das promessas de Deus foi escrito para ajudá-lo a manter os olhos abertos e a encontrar as promessas certas em que se firmar durante sua viagem da terra para o céu. Meu objetivo é encorajá-lo a confiar que Deus fará coisas grandes em sua vida. Se você estiver atravessando uma densa selva neste momento, quero que continue andando com as promessas de Deus como seu facão. A selva terminará. Permaneça em seu caminho. Aguente com Deus. Use as promessas e saia do outro lado dessa experiência com mais confiança em Deus do que você tem agora. Não importa o que aconteça, não perca a coragem. Não jogue a toalha. *Você sairá dessa situação.*

Apesar de tudo que você possa estar enfrentando agora, de tudo que enfrentou no passado (e a bagagem que ainda carrega em virtude disso) e de tudo que encarará no futuro, se você for cristão, tem uma fonte de felicidade que supera qualquer obstáculo em seu caminho. E se você for um daqueles cuja vida veleja maravilhosamente bem no momento, então aproveite o vento favorável. Levante as velas que são as promessas da Palavra de Deus e veja para onde elas o levam.

Então, você está pronto para beber desta fonte de felicidade? Você está disposto a ser transformado ao longo dos próximos dias, semanas, meses e anos? A boa notícia é que podemos iniciar a nossa transformação agora e já estar um dia à frente amanhã em nossa jornada para uma vida feliz e produtiva. É isso que você quer, certo? Felicidade, proximidade de Deus, um senso de segurança que não pode ser abalado? Creio que todos nós queremos isso. O segredo para esse tipo de vida é muito mais acessível do que você imagina. Na verdade, sua vida começará a ser transformada nesta semana enquanto você põe em prática os princípios deste livro.

Aqui está um versículo sobre as promessas de Deus para ajudá-lo a começar. Ele nos revela uma das razões pelas quais Deus nos dá suas promessas:

> Seu divino poder nos deu todas as coisas de que necessitamos para a vida e para a piedade, por meio do pleno conhecimento daquele que nos chamou para a sua própria glória e virtude. Por intermédio destas ele nos deu *as suas grandiosas e preciosas promessas, para que por elas vocês se tornassem participantes da natureza divina e fugissem da corrupção que há no mundo, causada pela cobiça.*
>
> — 2Pedro 1:3-4, ênfase do autor

Você leu esta última parte? Pedro nos diz que a razão pela qual Deus nos deu tantas "grandiosas e preciosas promessas" é para que, por meio delas, possamos ser "participantes da natureza divina" e escapar "da corrupção que há no mundo, causada pela cobiça".

Pode contar comigo!

Sim, a Bíblia é um livro de promessas dadas a cada filho de Deus para que ele ou ela possa vencer em cada circunstância da vida. As promessas de Deus, quando assumidas pela fé, nos transformarão!

O bê-á-bá da fé cristã

Este ensino não é novo. Esteve à nossa disposição desde sempre. Ao longo dos séculos, estas mesmas promessas têm transformado milhões de cristãos, assim como transformarão qualquer um hoje que ouse *crer*, *afirmar* e *orar* de acordo com elas. Nas gerações do passado, isto era o bê-á-bá do cristianismo.

Andrew Bonar, pastor e escritor escocês do século XIX, escreveu sabiamente: "Cristo é seu? Então, as promessas dele são suas."

Outro grande homem de Deus daquele século, D. L. Moody, escreveu: "Graças a Deus, nenhuma dessas promessas perdeu sua validade ou seu sabor. Elas são frescas e vigorosas, novas e doces como sempre." O problema é que hoje muitos de nós parecem ter esquecido o quão frescas são as promessas de Deus. Por quê?

Beth Moore faz essa mesma pergunta em seu livro *Believing God* [Crendo em Deus]. Ela escreve: "Deus nos fez promessas. Promessas verdadeiras. Numerosas promessas. Promessas de coisas como poder insuperável, produtividade, paz e alegria enquanto ainda ocupamos esses vasos de barro. Poucos contestariam a teoria, mas por que tão poucos estão vivendo essa realidade?"[1] Talvez tenhamos nos acostumado tanto com a vida moderna com todas as suas facilidades e sua "felicidade" que, a não ser que nos deparemos com uma crise, não refletimos sobre a importância das promessas de Deus.

No passado, os homens e as mulheres dependeram das promessas de Deus por pura necessidade. Charles Spurgeon era um mestre em escavar as promessas divinas e permanecer sobre elas, mesmo durante os muitos anos em que sofreu de uma grave depressão. Apesar disso, ele escreveu: "É maravilhoso, irmãos, como uma palavra doce de Deus se transforma em hino para os cristãos. Uma palavra de

Deus é como uma pepita de ouro, e o cristão é o ourives, e ele pode martelar essa promessa e trabalhar com ela durante semanas. Posso dizer por mim mesmo: eu tenho vivido na base de uma promessa durante semanas, e não quero outra. Quero simplesmente martelar essa promessa e transformá-la numa folha de ouro e cobrir toda a minha existência com sua alegria."

A verdade é que cada cristão é mais rico do que imaginamos — não em termos de dinheiro, mas em termos de algo ainda mais importante: ricos de "promessas preciosas", que nos pertencem por direito.

Outro grande herói da fé que experimentou as promessas de Deus de primeira mão foi George Mueller. Quando jovem, Mueller se sentiu chamado por Deus para fundar um orfanato. E durante cinquenta anos, as promessas de Deus sustentaram sua obra com as milhares de crianças que passaram por sua casa. Uma das promessas que ele reivindicou desde cedo se encontra em Salmos 81:10: "Abra a sua boca, e eu o alimentarei." Mueller entendeu que isso significava que Deus prometia suprir tudo que precisaria em seu ministério em prol dos órfãos. E foi o que Deus fez. Anos mais tarde, Mueller observou: "Se Deus me deixar na mão dessa vez, será a primeira vez." Deus não o abandonou — jamais. E ele também não nos abandona.

Hudson Taylor foi outro homem que viveu alimentando-se das promessas de Deus — e por meio dele surgiu a grande China Inland Mission (Missão para o Interior da China) que alcançou milhares de chineses para Cristo. Em um dado momento de seu ministério, em que ele poderia ter perdido a coragem, Taylor escreveu à sua esposa: "Temos 25 centavos — e todas as promessas de Deus!" Era, evidentemente, mais do que ele precisava. O fruto do trabalho de Hudson Taylor na China permanece até hoje.

Em tempos mais recentes, temos visto exemplos de Deus cumprindo suas promessas nas vidas de pessoas como David Wilkerson, fundador do Desafio jovem, um ministério entre dependentes químicos e membros de gangues iniciado por ele na cidade de Nova York. David começou a acreditar nas promessas de Deus ainda adolescente. Em seu clássico livro *A cruz e o punhal*, ele conta o que viveu quando era um aluno novo e teve que enfrentar um valentão. Não sendo um lutador, ele se voltou para a Bíblia e reivindicou a promessa de Zacarias 4:6: "Não por força nem por violência, mas pelo meu Espírito."

Quando chegou o momento de encarar Chuck, decidi que simplesmente me apoiaria nessa promessa. Deus me daria a ousadia sagrada igual a de qualquer valentão... De repente, vi na minha frente um garoto se aproximando de mim. Soube no mesmo instante que este era o Chuck. Ele estava andando pelo lado oposto da rua. Mas no momento em que me viu, ele atravessou a rua e me atacou como um touro pesado e furioso. Chuck era um garoto enorme. Ele devia pesar uns 25 quilos a mais do que eu, e ele era tão alto que tive que levantar minha cabeça para olhar em seus olhos. Chuck barrou meu caminho, de pernas abertas e com as mãos apoiadas no quadril.

"Você é o garoto do pastor."

Não era uma pergunta; era um desafio; e confesso que naquele momento todas as minhas esperanças de uma ousadia sagrada se desfizeram. Eu estava aterrorizado.

Não por força nem por violência, mas pelo meu Espírito. Não por força nem por violência, mas pelo meu Espírito, diz o Senhor dos Exércitos. Continuei repetindo essa oração em voz baixa o tempo todo, enquanto Chuck começou a apresentar sua opinião sobre mim. Primeiro, zombou do fato de que minha aparência era horrível naquelas roupas novas. Depois, riu da verdade óbvia de que eu era um fracote. Depois disso, tinha algumas palavras a dizer sobre filhos de pastores em geral.

Pelo meu Espírito, diz o Senhor. Eu ainda não havia dito nada, mas dentro de mim, algo incrível estava acontecendo. Eu senti o medo derreter, e em seu lugar surgiu confiança e alegria. Olhei para o Chuck e sorri.

Chuck estava ficando cada vez mais furioso. Seu rosto ficou vermelho e ele me desafiou para uma luta.

Eu continuei sorrindo.

Chuck começou a me rodear com seus punhos levantados, socando o ar perto de mim. Mas seu rosto mostrava sinais de alarme. Ele podia ver que, por alguma razão incompreensível, este pequeno camarão não estava com medo.

Eu também girei em torno dele, nunca desviando meu olhar dele, e sorrindo o tempo todo.

Finalmente, Chuck me acertou. Foi um soco hesitante que não doeu, e por acaso, não perdi o equilíbrio e não caí. Eu ri em voz baixa.

Chuck parou de me rodear. Ele baixou seus punhos. Afastou-se, deu meia volta e sumiu pela rua.

No dia seguinte, comecei a ouvir histórias de como eu havia dado uma surra no maior valentão da cidade. Chuck estava contando para todos. Dizia que eu era o cara mais durão contra o qual ele já lutara. Aparentemente, ele exagerou bastante, porque depois disso, fui tratado com respeito pela escola inteira. Talvez eu devesse ter contado a verdade aos garotos, mas nunca o fiz. A minha reputação me servia como apólice de seguro. E já que eu odiava lutar, eu não pretendia cancelar minha apólice.[2]

Muitos anos depois, um David Wilkerson bem mais velho pôde dizer: "Quando faço uma retrospectiva dos meus cinquenta anos de ministério, lembro-me de inúmeros testes, provações e tempos de tremenda dor. Mas em todos esses momentos, o Senhor provou ser fiel, amoroso e totalmente leal a suas promessas."[3]

Poucos de nós são chamados para iniciar um ministério com usuários de drogas e gangues, mas todos nós enfrentamos testes, provações e até mesmo dores terríveis ao longo da nossa jornada. E as promessas de Deus vencerão cada obstáculo. Como David Wilkerson, todos nós temos um destino planejado por Deus que se realizará apenas se nos apoiarmos nas promessas dele durante a vida inteira.

Outro exemplo mais recente de como Deus cumpre suas promessas pode ser visto na vida de Joni Eareckson Tada. Suas provações vieram na forma de uma tetraplegia após um acidente de mergulho. Após várias décadas presa a uma cadeira de rodas, Joni afirma agora que para ela "a satisfação verdadeira não provém de entender os motivos de Deus, mas de entender seu caráter, de confiar em suas promessas e de apoiar-se nele e de descansar nele como o Soberano que sabe o que está fazendo e que faz bem todas as coisas."[4]

Você já descobriu que Deus faz bem todas as coisas? Se você é um cristão que tem vivido "abaixo da linha da pobreza" espiritual há muito tempo, não está na hora de mudar isso? Não está na hora de ter a vida abundante que Jesus prometeu? De experimentar que ele "faz bem todas as coisas" em sua própria vida?

Agora, vejamos o que significa atravessar a vida com as promessas de Deus como nossa âncora.

Primeiro passo: acreditar nas promessas de Deus

A primeira reação que Deus sempre exige das pessoas é fé. É por meio da fé que recebemos qualquer coisa de Deus, inclusive aquele primeiro passo na vida cristã: crer em Cristo e nascer de novo quando o aceitamos em nossa vida *por meio da fé*. Alguns cristãos, porém, acreditam equivocadamente que, uma vez que aceitamos Cristo por meio da fé, o resto da vida cristã se reduz simplesmente a cumprir as obrigações de um cristão, como ir à igreja, ler a Bíblia, orar muito e manter-se longe do mal.

Mas quando Paulo escreveu aos cristãos da Galácia, que estavam tentando viver uma vida cristã recorrendo à Lei (fazendo as coisas certas), ele lhes perguntou:

> Será que vocês são tão insensatos que, tendo começado pelo Espírito, querem agora se aperfeiçoar pelo esforço próprio? Será que foi inútil sofrerem tantas coisas? Se é que foi inútil! Aquele que lhes dá o seu Espírito e opera milagres entre vocês, realiza essas coisas pela prática da lei *ou pela fé com a qual receberam a palavra*?
> — GÁLATAS 3:3-5, ênfase do autor

Do início ao fim, a vida cristã é uma vida de fé naquilo que ouvimos. E o que ouvimos é aquilo que está escrito na Bíblia. *Ouvimos* a Palavra. *Cremos* na Palavra. *Oramos* a Palavra. *Vivemos* a Palavra. As promessas de Deus são palavras mortas numa página se não crermos nelas e pessoalmente nos apropriamos delas para as nossas vidas.

O que quero dizer com "apropriar-nos" delas? Bem, deixe-me usar uma velha ilustração de fé que eu aprendi quando me tornei cristão. Digamos que eu me aproxime de você e lhe estenda um presente e diga: "Aqui está um presente que comprei para você. É seu!" Se sua reação for: "Puxa, obrigado", e você ficar parado olhando para o presente em minhas mãos, mas não estende sua mão para pegá-lo, ele não será seu de verdade. Não será seu nem mesmo se você disser: "Acredito naquilo que você está me dizendo. Esse presente é meu. Obrigado." A única maneira de o presente se tornar seu será se você "se apropriar" dele, estendendo sua mão e tirando-o da minha.

Uma ilustração semelhante consiste em você se imaginar se aproximando de mim ao lado de uma cadeira vazia. Eu lhe digo:

"Aqui, pode sentar." Você responde: "Você tem certeza que essa cadeira aguenta meu peso? E se ela se quebrar no momento em que eu me sentar?" Eu respondo: "Ah, tenho certeza que ela aguenta seu peso. É uma cadeira muito boa. Não se preocupe. Sente-se." Mesmo que você concorde comigo e acredite em mim, quando é que sua fé em minha promessa de que a cadeira aguentará seu peso se tornará realidade? Quando você colocar todo o seu peso sobre a cadeira, sentando-se nela, é claro. O mesmo vale para as promessas de Deus. Não basta dizer que cremos. Precisamos nos apropriar das promessas por meio da fé.

Segundo passo: afirmar o que cremos por meio da reflexão interior

Crer na Palavra de Deus é o primeiro passo, mas, depois, declarar (principalmente aos nossos próprios ouvidos) aquilo que cremos é uma ótima maneira de renovar nossas mentes com a verdade que professamos crer. Para apropriar-se das promessas de Deus neste livro, *diga-as*.

O que significa "dialogar internamente" sobre aquilo que cremos? Significa simplesmente contar a si mesmo a verdade ou afirmar uma das promessas de Deus para determinada situação. Vejamos alguns exemplos comuns de como já "dissemos" a Palavra de Deus. Para muitos de nós, isso começa quando ainda somos jovens. Você se lembra de como aprendia orações e confissões de fé quando criança? Eu certamente me lembro. Um dos credos, ou confissões de fé, que meus pais me ensinaram foi o Credo Apostólico, que começa assim:

Creio em Deus Pai, Todo-poderoso,
Criador do céu e da terra.
E em Jesus Cristo, seu único Filho, nosso Senhor,
o qual foi concebido por obra do Espírito Santo,
nasceu da virgem Maria,
padeceu sob o poder de Pôncio Pilatos,
foi crucificado, morto e sepultado...

É interessante que o Credo Apostólico existe desde mais ou menos o século IV e ainda é usado por várias denominações importantes.

Nesse credo, os cristãos *dizem* exatamente o que creem, e ele serve como lembrete da verdade.

Além de aprender orações e credos quando criança, eu (como você, sem dúvida alguma) aprendi também os grandes hinos da fé por meio da repetição. A cada domingo, nossa congregação cantava estrofes familiares de hinos tradicionais como "Segurança e alegria", "Rocha eterna", ou "Preciosa graça de Jesus". Certa vez foi cantado este último hino na igreja a que pertenço; nesta ocasião, esta estrofe, minha favorita, me comoveu de forma especial:

Promessas deu-me o Salvador,
e nele eu posso crer.
É meu refúgio e protetor
em todo o meu viver.

Se que posso crer nas promessas do Senhor, e que a sua Palavra, a Bíblia, garante a minha esperança. Quando canto essas linhas, elas me servem como lembrete firme dessa verdade vital.

O avô dos hinos sobre promessas de Deus seja talvez o antigo "Firme nas promessas". Ouça as palavras nestas duas estrofes:

Firme nas promessas, hei de trabalhar
Tendo o Verbo eterno sempre a me amparar!
Mesmo em tempestade vou sem vacilar,
Firme nas promessas de Jesus!

Firme nas promessas do Senhor Jesus,
Em amor ligado sempre à sua cruz!
Cada dia mais me alegro em sua luz,
Firme nas promessas de Jesus!

Amo essas imagens. "Mesmo em tempestade vou sem vacilar" e "Em amor ligado sempre à sua cruz!/ Cada dia mais me alegro em sua luz". Essas palavras são tão relevantes para nós hoje como foram quando R. Kelso Carter as escreveu em 1886.

Hinos tradicionais, cânticos contemporâneos, orações, credos e até mesmo músicas infantis como "Jesus me ama" servem todos para reforçar o que Deus nos prometeu na Bíblia quando os recitamos ou cantamos. Eu sei que preciso desse reforço contínuo, e aposto que você também. Em algum momento, todos nós dialogamos com nós mesmos. Porém, muitas vezes, nosso diálogo interior se limita a coisas como "sou infeliz", "não consigo fazer isso", "odeio minha vida", "meu casamento está desmoronando", "meus filhos estão me levando à loucura", "fracassei de novo", "não sou um cristão muito bom" ou alguma outra acusação, palavra desencorajadora ou atribuição de culpa a si mesmo ou a outros.

Às vezes, porém, fazemos a coisa certa. Às vezes, nós realmente nos voltamos para a Bíblia quando dialogamos com nós mesmos. Por exemplo, a maioria dos cristãos que tem enfrentado algum desafio já deve ter recitado o tão amado versículo: "Tudo posso naquele que me fortalece" (Filipenses 4:13). Certamente, quando Paulo escreveu estas palavras, ele o fez para encorajar seus leitores em Filipos, mas era, sem dúvida, algo em que ele acreditava profundamente.

Outros personagens bíblicos também cultivaram a reflexão interior. Davi foi o "dialogador interno" número um da Bíblia. Muitos de seus salmos são diálogos internos vigorosos. Davi até reconhece isso quando fala diretamente com sua alma, ordenando-lhe: "Bendiga o Senhor." Ouça como Davi fala consigo mesmo nos primeiros versículos do salmo 103:

> Bendiga o SENHOR a minha alma!
> Bendiga o SENHOR todo o meu ser!
> Bendiga o SENHOR a minha alma!
> Não esqueça nenhuma de suas bênçãos!
> É ele que perdoa todos os seus pecados
> e cura todas as suas doenças,
> que resgata a sua vida da sepultura
> e o coroa de bondade e compaixão,
> que enche de bens a sua existência,
> de modo que a sua juventude se renova como a águia.

Esse é o tipo de diálogo interno de que todos nós precisamos de vez em quando.

A seção bíblica mais conhecida de diálogo interno é, provavelmente, o salmo 23, de Davi. Nos quatro primeiros versículos, Davi afirma sua fé por meio dessa reflexão interior. Então, no final do versículo 4 e no início do versículo 5, ele a transforma em oração — *orando acerca das promessas* — antes de concluir com a afirmação de que a bondade e a misericórdia o acompanharão durante todos os seus dias e de que ele residirá na casa do Senhor para sempre.

> O Senhor é o meu pastor; de nada terei falta.
> Em verdes pastagens me faz repousar
> e me conduz a águas tranquilas;
> restaura-me o vigor.
> Guia-me nas veredas da justiça por amor do seu nome.
>
> Mesmo quando eu andar por um vale de trevas e morte,
> não temerei perigo algum, pois tu estás comigo;
> a tua vara e o teu cajado me protegem.
>
> Preparas um banquete para mim à vista dos meus inimigos.
> Tu me honras, ungindo a minha cabeça com óleo
> e fazendo transbordar o meu cálice.
> Sei que a bondade e a fidelidade
> me acompanharão todos os dias da minha vida,
> e voltarei à casa do Senhor enquanto eu viver.

Volte e releia esse salmo em voz alta para si mesmo. Acredite naquilo que diz. Esta é a Palavra de Deus para você. Vá em frente. Eu esperarei.

Isso foi um exercício poderoso, não foi?

Hannah Whitall Smith era uma cristã devota que, em 1875, escreveu um dos maiores campeões de venda de todos os tempos. Recomendo muito sua leitura. O título? *O segredo do cristão para uma vida feliz*. Hannah conhecia o diálogo interno e as promessas de Deus. Ela nos conta como aprendeu a usar o salmo 23 para seu diálogo interno:

É claro que o salmo 23 me era familiar desde a infância, mas nunca parecia carregar qualquer significado especial. Então enfrentei um momento crítico na minha vida em que eu precisava desesperadamente de consolo, mas não havia ninguém por perto. Naquele momento, não consegui alcançar minha Bíblia, e sondei minha memória à procura de alguma passagem das Escrituras que pudesse me ajudar. Imediatamente, apareceram em minha mente as palavras: "O Senhor é o meu pastor; de nada terei falta." Primeiro, recusei essas palavras quase com desdém. "Que texto mais comum", eu disse a mim mesma, "ele não poderá me fazer nenhum bem." Por isso tentei encontrar um texto mais relevante, mas não consegui me lembrar de nenhum. Por fim, era como se não existisse nenhum outro texto na Bíblia inteira. Finalmente, me limitei a dizer: "Bem, se eu não conseguir me lembrar de nenhum outro texto, preciso tentar extrair o pouco que esse texto tem a oferecer", e comecei a repetir incansavelmente: "O Senhor é o meu pastor; de nada terei falta." De repente, enquanto repetia as palavras, elas foram iluminadas divinamente e despejaram sobre mim tantas ondas de consolo que me senti como se nunca mais pudesse ter qualquer problema.

Na primeira oportunidade que tive de abrir uma Bíblia, folheei suas páginas para me certificar de que esses tesouros inimagináveis de consolo eram realmente meus e se eu podia ousar permitir que meu coração se entregasse a eles. E fiz o que já me rendeu muito lucro em outras ocasiões: construí uma pirâmide de declarações e promessas referentes ao Senhor sendo nosso pastor que, quando completada, representava um abrigo seguro e indestrutível contra todos os ventos e tempestades de dúvidas ou provações que podem me assaltar. E tive a certeza, sem qualquer dúvida, de que o Senhor é realmente o meu pastor, e de que ao dar-se este nome ele assumiu também todas as obrigações ligadas a esse nome, e de que ele realmente seria o que declarava ser: "um bom pastor que dá sua vida pelas suas ovelhas".

O salmo 23 tem salvado a vida de muitos, assim como vários outros salmos de Davi. Mas Davi não foi a única pessoa na Bíblia que dialogou consigo mesmo. Em Lamentações, lemos que o profeta Jeremias também conhecia o valor do diálogo interno. Ele escreveu:

Graças ao grande amor do Senhor
é que não somos consumidos,
pois as suas misericórdias são inesgotáveis.
Renovam-se cada manhã;
grande é a sua fidelidade!

Digo a mim mesmo:
A minha porção é o SENHOR;
portanto, nele porei a minha esperança.
O SENHOR é bom para com aqueles cuja esperança está nele,
para com aqueles que o buscam;
é bom esperar tranquilo pela salvação do SENHOR.

— LAMENTAÇÕES 3:22-26, ênfase do autor

Isso é reflexão interior do mais alto nível. Encontrar uma promessa ("A minha porção é o Senhor") e chegar à conclusão sobre sua própria situação ("portanto, nele porei minha esperança") baseada nessa promessa muda a vida de qualquer um!

Outro versículo conhecido do Antigo Testamento que incentiva o diálogo interno é Joel 3:10, que diz: "Diga o fraco: 'Sou um guerreiro!'" Este é um pensamento que encontramos também no Novo Testamento quando Paulo escreve: "Quando sou fraco é que sou forte" (2Coríntios 12:10). Este é outro versículo que os cristãos dizem a si mesmos durante uma provação. É usado também pelos cristãos quando nos voltamos para Deus e confessamos: "Senhor, sou fraco! Mas sei que, em ti, sou forte! Eu posso dar conta disso com tua força!"

Outro exemplo de reflexão interior do Novo Testamento é encontrado na Carta aos Hebreus (13:5-6, ênfase do autor):

Conservem-se livres do amor ao dinheiro e contentem-se com o que vocês têm, porque Deus mesmo disse: "Nunca o deixarei, nunca o abandonarei."

Podemos, pois, dizer com confiança: "O Senhor é o meu ajudador, não temerei. O que me podem fazer os homens?"

Assim como houve grandes cristãos no passado que *acreditaram* nas promessas de Deus, havia também aqueles que *disseram* a verdade de Deus a si mesmos por meio de suas confissões ou votos baseados na palavra de Deus. Dois bons exemplos são o escritor puritano Thomas Brooks e o grande teólogo norte-americano Jonathan Edwards. Aqui está o que Brooks confessava a si mesmo regularmente:

Sou dele por aquisição e sou dele por conquista.
Sou dele por doação e seu dele por eleição.

Sou dele por aliança e sou dele por casamento.

Sou completamente dele; sou particularmente dele.

Sou universalmente dele; sou eternamente dele.

Thomas, isso é uma ótima pregação a si mesmo! Tenho certeza de que ele abençoou sua própria alma sempre que professava essas palavras, pois todas elas se baseiam nas promessas que Deus nos deu na Bíblia. Uma pessoa que entende esses versos e se *apropria* deles não pode ser uma pessoa infeliz.

Quanto a Jonathan Edwards, ele extraiu a verdade da Bíblia e a aplicou à sua vida na forma de "votos" ou "resoluções".

Aos vinte e poucos anos, Edwards escreveu aquilo que chamou de suas "resoluções". Apesar de existirem um total de setenta delas (a metade das quais foram escritas em duas sessões), eu apresentarei apenas algumas, ciente de que aquilo que representava uma resolução para Edwards pode não ser para você e para mim. Diálogo interno é assim. Algo que eu tenha que dizer a mim mesmo por meio do diálogo interno pode ser inteiramente diferente para você.

A prática de Edwards consistia em ler suas setenta resoluções uma vez por semana, e ele o fez durante 35 anos. Quando morreu em 1758, ele as havia lido mais de 1800 vezes. É isso que chamo de reforço. Isso é transformação.

Aparentemente, Edwards estava ciente de sua impotência para observar suas resoluções, por isso ele sempre dizia antes de lê-las: "Sabendo de que sou incapaz de fazer qualquer coisa sem a ajuda de Deus, eu humildemente o peço para capacitar-me a fim de observar essas resoluções, contanto que sejam agradáveis à sua vontade, em nome de Cristo."

Aqui estão apenas algumas de suas setenta resoluções, todas elas baseadas na crença sólida nas promessas da Bíblia como seu fundamento:

- *Resolvo* viver com toda a minha força enquanto eu viver.
- *Resolvo* nunca fazer algo do qual deva ter medo se fosse a última hora da minha vida.
- *Resolvo* nunca fazer algo por vingança.
- *Resolvo* estudar as Escrituras de forma tão constante e frequente para que eu possa encontrar, perceber e crescer no conhecimento das mesmas.

- Frequentemente ouço pessoas idosas dizerem como gostariam de viver se pudessem voltar a ter uma vida jovem: *Resolvo* que viverei da forma que gostaria de ter vivido, supondo que alcance uma idade avançada.

Terceiro passo: orar acerca das promessas

Acreditando nas promessas de Deus e refletindo internamente sobre elas, a próxima coisa que podemos fazer é *orar* acerca delas. Como disse o grande comentarista bíblico Matthew Henry: "As promessas de Deus devem ser nossos pedidos em oração." No exemplo que usei de Lamentações, você pode imaginar como Jeremias deve ter orado? Tenho certeza de que foi algo parecido com: "Senhor, tu és minha porção, portanto, confiarei em ti. Tu, ó Senhor, és bom para aqueles que esperam em ti, para aqueles que te buscam. É bom, Senhor, esperar com calma pela tua salvação."

Mas dialogar internamente e orar acerca das promessas de Deus não eram coisas reservadas apenas a Davi ou a Paulo ou até mesmo a pessoas como Matthew Henry, Hannah Whitall Smith, Thomas Brooks, Jonathan Edwards e David Wilkerson. Qualquer cristão pode — e deve — ser transformado ao viver as promessas de Deus.

A segunda parte de *O poder das promessas de Deus* trata de aplicar a Palavra de Deus às suas situações e provações específicas. É um convite para deixarmos de pensar (e reagir) como homens e mulheres que não têm um Deus confiável e começarmos a agir como quem tem um Pai celestial que nos guarda em qualquer circunstância. Trata-se de deixar para trás nossa pobreza espiritual e apropriar-nos dos tesouros da Palavra de Deus. Trata-se de desenvolver a prática de olhar para a Bíblia e extrair as promessas feitas para nós e então professá-las e orá-las para a nossa vida. Trata-se de mudar a maneira como pensamos por meio da renovação das nossas mentes por intermédio da Palavra de Deus. Afinal de contas, Paulo nos instrui em Romanos 12:2 a transformar-nos pela renovação da nossa mente.

Descobri que declarar a Palavra de Deus a mim mesmo ou a Deus por meio da oração realmente me transforma. Quanto mais absorvo da Palavra de Deus, mais a minha mente transforma meu eu negativo e egoísta em um eu confiante, feliz, que procura cumprir o destino de Deus para a minha vida. O mesmo vale para você.

Mas existem promessas bíblicas que tratam da nossa circunstância individual? Sim, existem. Você encontrará muitas delas nas próximas páginas. Outras, você descobrirá por conta própria. Algumas promessas podem não ser tão evidentes à primeira vista, mas, visto que a Bíblia é o livro da verdade, existe uma promessa inerente a cada uma dessas verdades.

Quais são os resultados de se viver segundo as promessas de Deus? O que você acha de superar os obstáculos em sua vida? O que você acha de desfrutar de um relacionamento mais profundo com Deus ou da recompensa de um destino glorioso? Deus criou cada um de nós de forma única, e suas promessas serão cumpridas em nossa vida pela fé, de acordo com a fidelidade e o propósito de Deus para você.

Quero compartilhar o exemplo de uma pessoa que superou grandes dificuldades por meio do poder das promessas de Deus. Recentemente, encontrei uma mulher chamada Faye Byrd numa conferência. Quando eu lhe contei a respeito do livro que estava escrevendo sobre as promessas de Deus, ela me contou sua história, e quando voltei para casa ela me mandou um exemplar do livrinho que escreveu durante a recuperação de uma lesão traumática cerebral após anos de frustração e completa desesperança. O que segue é uma passagem de seu livro *Hope Restored* [Esperança restaurada]:

Pensar em meu coração e crer naquilo que a Palavra de Deus diz sobre mim — pois sua Palavra é a verdade — me libertou. A lavagem da água da Palavra lavou minha consciência e plantou a esperança em minha mente e alma. Nos lugares em que cresceu, ela produziu folhas, flores e o fruto do bem-estar, irrigou minha mente, e essa água flui até hoje. Eu havia pensado na lesão e deficiência como uma deformação; isso não era a verdade. Por meio da Palavra de Deus, aprendi e comecei a acreditar que:

Eu era uma vencedora e não uma perdedora.
Eu tinha a mente de Cristo.
Deus me amava e me aceitava incondicionalmente.
Ele me criou porque ele me queria.

Além disso, eu era aceita baseada não nas minhas habilidades e nem no meu desempenho, mas por meio de Jesus eu sou uma pessoa amada. Assim, aceitando o fato de que sou maravilhosamente criada como filha de Deus, comecei a andar na verdade daquilo que sou em Cristo Jesus.

Eu era cristã, nascida de novo, desde os 26 anos de idade, mas em virtude da perda de memória causada pelo trauma cerebral, eu precisei aprender novamente o que a Palavra de Deus diz sobre mim. Esse reaprendizado de quem sou em Cristo levou-me ao contentamento... Deus tomou minha vida fragmentada e despedaçada, refazendo-a e juntando seus pedaços. Ele fez o que todos os médicos, toda a tecnologia e medicina não conseguiram fazer, ou seja, transformar-me em algo lindo. Eu já não era mais uma pessoa quebrada. Eu estava firmada numa rocha sólida, rachada, mas não destruída.

O procedimento de restauro do vaso, que é minha vida, está nas mãos do oleiro, Deus, e ele está moldando essa nova personalidade no vaso que ele deseja. Eu fui quebrada, mas não fui jogada fora. Todas as coisas são possíveis para Deus. Ele restaurou a esperança em meu coração por meio de sua Palavra. E havia luz no fim do túnel.[5]

Faye mencionou a esperança — e fé nas promessas de Deus gera esperança. Essa esperança se torna real quando oramos as promessas de Deus e acreditamos que "aquele que prometeu é fiel" (Hebreus 10:23).

O falecido dr. Robert Cook, autor do clássico para novos cristãos *Eu creio, e agora?*, contou do tempo em que chegou à Coreia às quatro da manhã para uma reunião de oração marcada para aquele dia. Para a sua surpresa, a igreja estava lotada com milhares de pessoas, muitas delas lendo a Bíblia. Ele se aproximou de uma mulher e perguntou por que tantos haviam se reunido tão cedo de manhã. Ela respondeu: "Estamos aqui desde cedo para termos tempo de encontrar promessas que possamos lançar para o céu quando orarmos."

Você está pronto para "lançar promessas para o céu" quando você orar? Você está pronto para descobrir o poder das promessas de Deus para sua própria vida?

Bom!

O formato do restante do livro *O poder das promessas de Deus* é simples. Cada capítulo aborda uma questão específica que muitos de nós enfrentamos. Primeiro, apresento algumas promessas das Escrituras que lidam com a questão ("A Palavra de Deus"); depois, ofereço um curto parágrafo ("A verdade") que descreve a situação; a ele segue-se uma afirmação sugerida, ou um diálogo interno ("Diga a verdade a si mesmo"), para ajudá-lo a começar a pensar sobre sua vida através da lente da Palavra de Deus; logo após, sugiro uma oração ("Ore acerca da promessa"), que usa as palavras da promessa para um pedido a Deus para que ele opere a transformação enquanto você crê e professa as promessas para a sua vida; ocasionalmente, como tipo de reforço, inclui uma citação de um dos meus escritores cristãos favoritos para dar um toque final ao assunto em pauta.

Quando você ler os diálogos internos e orar acerca da promessa numa seção específica, aproprie-se daquilo que estiver lendo. Não leia simplesmente as palavras escritas numa página. Instrua sua alma — como o fez também Davi — com as palavras da Bíblia.

Algumas observações

Bem, antes de você mergulhar nas promessas, queria dar alguns conselhos:

- A primeira promessa de Deus de que cada um de nós precisa se apropriar é a da vida eterna. Todas as promessas de Deus são para os seus filhos. Tornar-se filho dele ocorre como resultado de crer nas promessas divinas sobre a salvação e a vida eterna — de acreditar que Cristo morreu por você. Se tudo isso for novo para você, peço que vá à página 232 ("Sou salvo pela fé em Jesus Cristo") e aceite o convite de tornar-se um filho de Deus. Quando você o fizer, um mundo completamente novo se abrirá para você, e esse mundo inclui suas numerosas promessas para seus filhos.
- Ler e orar recitando as Escrituras devem ser mais do que uma experiência única, pois a renovação da mente leva tempo. Você precisa fazer da confiança nas promessas da Bíblia um hábito vitalício para que elas o acompanhem nos altos e baixos da vida. Mas se você começar hoje a se encher das promessas de Deus, também começará a ver hoje sua transformação. Lembre-se, há muitos anos você vem repetindo o mesmo diálogo interno danoso, portanto sua transformação levará tempo — mas talvez não tanto quanto você imagine. Eu acredito que dentro

de uma semana você já perceberá diferença em sua perspectiva. Apenas esteja disposto a começar a partir de onde você se encontra, em vez de focar no lugar em que você queria estar. Este é um projeto de longo prazo, mas os resultados valem a viagem.

- A Palavra de Deus está repleta de promessas para cada cristão, mas elas não podem ser usadas de forma errada. Nunca tente usar as Escrituras para "confessar" ou dialogar internamente para conseguir algo que, claramente, não é a vontade de Deus. Ou seja, não use as Escrituras para justificar desejos ou necessidades egoístas. Busque a vontade de Deus na oração e, então, permita que a Palavra o guie na busca do propósito de Deus para você. Crer, professar e orar não é uma fórmula mágica. Professar as palavras, e até mesmo crer nelas, por mais importante que isso seja, é apenas a porta de entrada para o lugar ao qual você deseja ir. O propósito de crer, professar e orar acerca das promessas de Deus é capacitá-lo a *viver* as promessas. Se você não as viver, tudo isso não passará de um exercício mental, e isso não é o que Deus quer para você.

- Não se contente em ler as seções "Diga a verdade a si mesmo" apenas mentalmente. Leia-as em voz alta, se possível. Seu objetivo é internalizá-las. Lê-las em voz alta pode ajudá-lo a conseguir isso. O mesmo vale para as seções "Ore acerca da promessa". Se possível, ore em voz alta em particular.

- Para os propósitos deste livro, só pude incluir um número limitado de promessas e questões sobre as quais elas tratam. Escolhi principalmente questões que todos nós enfrentamos. Mas é possível que você enfrente uma situação específica que não é abordada aqui. Espero que, enquanto você estiver lendo este livro, possa identificar seus pontos fracos e encontrar versículos adequados que o ajudem a reivindicar as promessas de que você precisa. Alguns desses tópicos podem incluir pulsões suicidas, bipolaridade, casamentos desajustados ou problemas relacionais específicos. Ou talvez você precise de promessas específicas por estar no exército ou em uma prisão, por ser adolescente ou missionário. Para cada um desses casos, você pode encontrar uma maneira de "dizer a verdade a si mesmo" — e isso mudará sua vida de forma positiva. Na página 293, eu encerro o livro com um exercício que pode ajudá-lo com assuntos adicionais que sejam relevantes para seus problemas específicos.

- Lembre-se que, às vezes, uma promessa não é tão evidente à primeira vista, mas ela está contida na verdade da passagem. Se um versículo não for uma "promessa" evidente, procure descobrir sua verdade e extrair a promessa consistente com essa verdade.

- Enquanto estiver lendo as páginas seguintes, consulte a Bíblia e descubra versículos adicionais sobre esses assuntos para que você possa se apropriar da verdade de Deus. Quando encontrar um versículo que fale sobre sua necessidade, anote-o e, então, escreva uma afirmação sobre como ele se aplica a *você*. Tente torná-lo o mais pessoal possível. Existem *muitos* versículos sobre os assuntos deste livro, mas o livro simplesmente não oferece espaço para incluir todos. Encontre-os!

- Quando você se deparar com circunstâncias que o levem a querer se distanciar da Palavra como sua bússola, quero que você pense em Rick, um amigo meu da igreja. Ele me contou que, quando era garoto, seu pai o levou para caçar pela primeira vez e lhe deu uma bússola. Ele disse ao filho: "Rick, quando você estiver perdido, olhar para sua bússola e achar que ela está errada, este é o momento em que você precisa confiar nela." O mesmo vale para a Bíblia. Quando você estiver tentado a desconfiar dela, este é o momento em que você precisa se agarrar à sua verdade.

- Não esqueça que as promessas querem nos aproximar daquele que promete. Quando a promessa se torna mais importante do que a comunhão com Deus, algo está errado. Não faça isso. Lembre-se destas palavras de Hannah Whitall Smith: "É maravilhoso confiar nas promessas, mas é ainda mais maravilhoso confiar naquele que promete."

- Lembre-se de que apropriar-se das promessas de Deus é apenas um de vários aspectos importantes da vida cristã. Andar no Espírito, fazer parte de uma comunidade de fé e experimentar a intimidade com Cristo também são essenciais para a transformação. Já escrevi livros sobre a importância da oração e o fato de Cristo habitar no cristão. Não se concentre em um elemento da vida cristã a ponto de excluir os outros. Todos eles agem juntos para nos transformar em cristãos vigorosos, que têm um propósito a realizar para Deus.

- E atente a esta advertência de D. L. Moody sobre abrigar o pecado em sua vida: "Se guardarmos a iniquidade em nossos corações ou vivermos na base de uma profissão de fé vazia, não temos nenhum direito de esperar que nossas orações sejam respondidas. Não haverá uma única promessa para nós. Às vezes, estremeço quando ouço pessoas citarem uma promessa e dizerem que Deus está prestes a cumpri-la em sua vida, quando há algo em suas próprias vidas que elas não estão dispostas a largar. Fazemos bem quando sondamos nossos corações e descobrimos por que as nossas orações não estão sendo respondidas." Eu, porém, suspeito que, se você está lendo este livro, é um cristão que deseja progredir na fé, que deseja agradar ao Senhor.

Eu seria negligente se também não lhe dissesse que existem duas categorias de promessas na Bíblia: as incondicionais e as condicionais. Promessas incondicionais são aquelas que Deus faz e que se realizarão independentemente de qualquer coisa, como a promessa de Deus de nunca mais destruir o mundo por meio de um dilúvio (Gênesis 9:8-11), a de Cristo voltar para buscar os seus (João 14:3 e outros) e a de Deus de nunca nos abandonar (Hebreus 13:5).

Promessas condicionais são normalmente reconhecidas com facilidade pelo contexto em que são feitas. Leia estes versículos e identifique a condição:

"Se vocês permanecerem em mim, e as minhas palavras permanecerem em vocês, pedirão o que quiserem, e lhes será concedido."

— João 15:7

Se algum de vocês tem falta de sabedoria, peça-a a Deus, que a todos dá livremente, de boa vontade; e lhe será concedida. Peça-a, porém, com fé, sem duvidar, pois aquele que duvida é semelhante à onda do mar, levada e agitada pelo vento. Não pense tal homem que receberá coisa alguma do Senhor.

— Tiago 1:5-7

Submetam-se a Deus. Resistam ao Diabo, e ele fugirá de vocês. Aproximem-se de Deus, e ele se aproximará de vocês!

— TIAGO 4:7-8

"Se o meu povo, que se chama pelo meu nome, se humilhar e orar, buscar a minha face e se afastar dos seus maus caminhos, dos céus o ouvirei, perdoarei o seu pecado e curarei a sua terra."

— 2CRÔNICAS 7:14

Não deixe que as promessas condicionais de Deus o façam hesitar ao reivindicá-las. Suas condições são fáceis de satisfazer. Até mesmo João 3:16 ("Deus tanto amou o mundo que deu o seu Filho Unigênito, para que todo o que nele crer não pereça, mas tenha a vida eterna") é uma promessa condicional, mas crer nele é algo que você consegue fazer. A fé é uma condição para muitas das promessas de Deus, e ele não exige que você exerça a fé sem lhe dar a capacidade para fazê-lo.

Agora, ao mergulhar nas promessas de Deus, lembre-se: ele quer que você espere mais dele do que aquilo que você está experimentando no momento. Ele quer ser seu Sustentador, seu Consolador, seu Conselheiro, seu Protetor — bem, seu Tudo! Ele é maior do que você pode imaginar e é capaz de fazer "infinitamente mais do que tudo o que pedimos ou pensamos, de acordo com o seu poder que atua em nós" (Efésios 3:20). Suas promessas são um convite para uma vida feliz.

Minha oração é para que Deus fale continuamente com você por meio das promessas da Bíblia. Oro para que este livro lhe ajude a partir em sua própria expedição de buscar e descobrir as promessas na Palavra de Deus. Essas promessas foram dadas a você! Não as negligencie. *Viva-as!*

Segunda parte

Assuntos para a reflexão interior

*Entregue então sua vontade ao lado que crê.
Diga: "Senhor, eu acreditarei, eu acredito", e continue a dizê-lo.
Insista em acreditar, face a qualquer indício de dúvida que possa
vir a tentá-lo. A partir de sua descrença, mergulhe de cabeça
na Palavra e nas promessas de Deus e ouse entregar-se ao poder
de salvação que provém do Senhor Jesus. Se alguma vez você já
confiou algo precioso nas mãos de um amigo terreno, eu imploro
a você: confie a si mesmo e todos os seus interesses espirituais
nas mãos de seu Amigo celestial, e nunca, nunca,
NUNCA se permita duvidar de novo.*

— HANNAH WHITALL SMITH

EU PERMANEÇO EM CRISTO

A Palavra de Deus

"Permaneçam em mim, e eu permanecerei em vocês. Nenhum ramo pode dar fruto por si mesmo, se não permanecer na videira. Vocês também não podem dar fruto, se não permanecerem em mim. Eu sou a videira; vocês são os ramos. Se alguém permanecer em mim e eu nele, esse dá muito fruto; pois sem mim vocês não podem fazer coisa alguma."

— João 15:4-5

A verdade

Quando não nos sentimos satisfeitos, quando nos sentimos inúteis para Deus e para os outros, qual é a razão mais provável disso? Muitas vezes, isso está relacionado à nossa compreensão equivocada da verdadeira fonte de vida espiritual — Jesus. Somos como ramos que foram cortados da videira. Muitas vezes nos esquecemos de nossa verdadeira fonte de vida e voltamos às mesmas coisas que nunca podem nos satisfazer, separando-nos, assim, dele. No entanto, a promessa de Jesus continua de pé: "Se alguém permanecer em mim e eu nele, esse dá muito fruto." O mesmo vale para a outra verdade neste versículo: "Sem mim vocês não podem fazer coisa alguma."

Diga a verdade a si mesmo

"Deus me uniu a Cristo. Ele é minha Videira, e eu sou um de seus ramos. Nele eu permaneço e dou muito fruto. Separado dele, não frutifico; na verdade, separado dele não posso fazer nada. Tudo que Deus me chamou para fazer só pode ser realizado plenamente se eu permanecer em Cristo. Minha vida é frutífera quando ele flui em mim e me alimenta. Estou seguro em Cristo, plenamente ligado à minha Videira verdadeira."

Ore acerca da promessa

Pai, tu me uniste a Cristo. Ele é minha Videira, e eu sou apenas um ramo. Quando dou fruto, sei que não é por minha própria capacidade. Antes, qualquer fruto da minha vida é o resultado natural de eu permanecer em Cristo. E este fruto, Senhor, é bom. Oro para que frutifiques intensamente por meio de mim à medida que continuo unido a Cristo, minha Videira verdadeira.

⤳

"Permaneça em mim", diz Jesus. "Agarre-se a mim. Amarre-se a mim. Viva a vida da comunhão próxima e íntima comigo. Aproxime-se a mim. Descarregue todo o seu peso em mim. Jamais se solte de mim, nem por um instante. Esteja arraigado e plantado em mim. Faça isso, e eu jamais o abandonarei. Eu permanecerei em você."

— J. C. Ryle

DEUS É O MEU **PROVEDOR**

A Palavra de Deus

Os que buscam o Senhor de nada têm falta.

— Salmos 34:10

O Senhor Deus é sol e escudo; o Senhor concede favor e honra; não recusa nenhum bem aos que vivem com integridade.

— Salmos 84:11

O meu Deus suprirá todas as necessidades de vocês, de acordo com as suas gloriosas riquezas em Cristo Jesus.

— Filipenses 4:19

A verdade

Em Cristo, Deus deseja satisfazer todas as nossas necessidades com abundância. Sua promessa é que não nos faltará nenhum bem e que ele satisfará todas as nossas necessidades segundo suas riquezas em Cristo Jesus. Podemos saber que existe abundância para as nossas necessidades em Cristo. Muitas vezes cometemos o erro de definir as nossas necessidades segundo a nossa própria imaginação e de esperar que Deus as satisfaça. Mas que tal definirmos nossas necessidades segundo a provisão de Deus? Muitas vezes ficamos decepcionados quando não recebemos tanto quanto acreditamos precisar. Mas Deus não prometeu satisfazer nossas necessidades imaginárias. Nossa abundância vem da nossa satisfação com o Provedor, não com a provisão.

Diga a verdade a si mesmo

"Deus é meu grande Provedor. Nele, nada me falta. Deus satisfaz todas as minhas necessidades segundo suas riquezas em glória, não segundo meus próprios e limitados recursos. Portanto, não dependo de ninguém para a minha provisão, pois em algum momento as pessoas me decepcionarão. Satisfaço-me com a provisão infinita e sempre surpreendente de Deus. Nada me falta. Deus me dá além daquilo que preciso, para que eu possa compartilhar com outros. Nada me falta agora, nem me faltará no futuro. Sua promessa vale para toda a eternidade."

Ore acerca da promessa

Pai, tu me satisfazes com uma abundância de coisas boas — tanto materiais quanto espirituais. Todas as minhas bênçãos provêm de ti. Nada me falta porque meus olhos estão voltados para ti, não para as coisas do mundo. Tu antecipas cada uma das minhas necessidades e o farás durante toda a minha vida e por toda a eternidade. Obrigado, Pai, pela abundância de bênçãos que tenho recebido.

A Bíblia está repleta de promessas de Deus que nos garantem que ele nos proverá espiritual e materialmente, que ele nunca nos abandonará, que ele nos dará paz em tempos de circunstâncias difíceis, que fará com que tudo coopere para o bem e que finalmente nos levará em glória para casa. Nenhuma dessas promessas depende do nosso esforço. Todas elas dependem da graça de Deus que nos foi dada por meio de Jesus Cristo.

— Jerry Bridges

EM CRISTO SOU MAIS FORTE QUE MEUS **VÍCIOS**

A Palavra de Deus

"Se o Filho os libertar, vocês de fato serão livres."

— JOÃO 8:36

Sabemos que o nosso velho homem foi crucificado com ele, para que o corpo do pecado seja destruído, e não mais sejamos escravos do pecado; pois quem morreu, foi justificado do pecado.

— ROMANOS 6:6-7

Se alguém está em Cristo, é nova criação. As coisas antigas já passaram; eis que surgiram coisas novas!

— 2CORÍNTIOS 5:17

Vivam pelo Espírito, e de modo nenhum satisfarão os desejos da carne.

— GÁLATAS 5:16

A verdade

Vícios são devastadores. Perdemos nossa identidade para aquilo que nos escraviza, seja o álcool, sejam as drogas, seja o sexo ou qualquer outra coisa. *A pessoa viciada vive acorrentada.* Mas quando Cristo nos comprou e nos tornou seus, ele nos capacitou a abandonar nossos outros mestres e a nos tornar apenas escravos dele. Tornamo-nos novas criaturas — o passado se foi para sempre. Quando vivemos essa promessa pela fé, ela se torna nossa realidade. A única coisa boa que nossos vícios fizeram por nós foi nos levar até Cristo, em quem encontramos a liberdade. *Creia* na liberdade. *Expresse* a liberdade — e *continue* expressando-a. Depois ore e viva-a. Jamais volte atrás.

O poder das promessas de Deus 45

Diga a verdade a si mesmo

"No passado, eu era um escravo do meu vício, mas agora, em Cristo, esse vício foi vencido para sempre. O 'velho homem', que estava preso em seus vícios carnais, está morto. Agora vivo a nova vida em Cristo. Sim, meu corpo ainda tenta me convencer de que preciso de 'só mais um' passeio pela estrada que me leva à ruína. Mas eu fui comprado por Cristo, e meu corpo já não me pertence mais. Já não preciso mais obedecer aos seus desejos. Quando Cristo tirou os meus pecados, ele se apoderou completamente de mim. Cristo é meu dono, sou seu escravo — e ser escravo de Cristo significa estar livre de qualquer coisa que possa me escravizar. Cristo não me compartilha com meu antigo senhor. Ao caminhar no Espírito, não satisfaço os desejos da minha carne. O poder de Deus em mim me ajuda a estabelecer limites que me impedem de voltar para os meus vícios. Eu fico longe de pessoas, lugares e situações que me atraem para onde jamais quero voltar. Estou bem mais feliz com a alegria de Cristo, que supera em muito o êxtase temporário do meu vício. Cristo agora me possui, e agora eu tenho a minha liberdade."

Ore acerca da promessa

Obrigado, Deus, por todas as pessoas de todos os tempos que tu libertaste de graves vícios. Considero-me um daqueles que foram libertos em ti. Eu te louvo pelo fato de poder me refugiar em ti quando sou tentado. Posso voltar-me para ti e encontrar um refúgio. Eu te agradeço porque, quando erro, encontro perdão em ti. Eu te agradeço também porque, com o passar do tempo, a urgência do meu vício diminui à medida que tua cura se torna mais real em minha vida do que os fortes desejos da minha carne. Isso só pode ser obra tua na minha vida. Estou firme e livre, corajoso e sem medo, porque tu és meu libertador. Bendito sejas, Senhor!

⌐

Vícios têm raízes profundas. Uma vez que o pecado se acomoda em seu coração, seu desejo não basta para expulsá-lo. O mau hábito se torna sua segunda natureza, e suas correntes não são rompidas facilmente.

— J. C. Ryle

AS **ADVERSIDADES** APENAS ME FORTALECEM

A Palavra de Deus

O justo passa por muitas adversidades,
mas o SENHOR o livra de todas.

— SALMOS 34:19

Se você vacila no dia da dificuldade,
como será limitada a sua força!

— PROVÉRBIOS 24:10

A verdade

A presença de adversidade não significa a ausência de Deus. Na verdade, Deus está sempre presente em sua adversidade. Deus jamais permite uma adversidade cujo fim não esteja dentro de sua vontade. Não "desperdice" suas adversidades. Permita que cada uma delas traga bons frutos em seu devido tempo.

Diga a verdade a si mesmo

"Não existe adversidade na face da terra que possa me derrubar. Nenhuma! Deus vê e sabe tudo que está acontecendo na minha vida, especialmente essa adversidade atual — e ele está aqui em todo seu poder. Não há como não sair disso mais forte do que nunca. Essa adversidade promete crescimento espiritual. Quanto mais ela se impor à minha vida, mais eu me aproximo de Cristo. Quanto maior a adversidade, mais próximo de Cristo eu fico. Jó conheceu a adversidade, assim como Moisés, Noemi, Ester, Davi, Paulo e, especialmente, Jesus — todos eles conheceram-na. E cada um deles foi vitorioso no devido tempo de Deus. E da mesma forma eu também serei vitorioso."

Ore acerca da promessa

Deus, esta adversidade não me derrubará. Eu confiei a ti esta situação agonizante e sei que tu já a resolveste; preciso apenas cooperar contigo e saber que tu operas o bem para mim. Manterei meus olhos voltados para ti e não para os meus problemas. Tu fizeste de mim um vencedor em todas as minhas adversidades, e eu te louvo, Pai.

A adversidade não é simplesmente um instrumento. É o instrumento mais eficaz de Deus para o avanço da nossa vida espiritual. As circunstâncias e os eventos que nós percebemos como desgraças são, muitas vezes, exatamente aquilo que nos abrem a porta para um período de intenso crescimento espiritual. Quando começamos a entender isso e o aceitamos como fato espiritual da vida, a adversidade se torna muito mais fácil de suportar.

— Charles Stanley

DEUS FALA COMIGO EM MINHAS **AFLIÇÕES**

A Palavra de Deus

"Em sua aflição, ele lhes fala."

— JÓ 36:15

Exultarei com grande alegria por teu amor,
pois viste a minha aflição e conheceste a angústia da minha alma.

— SALMOS 31:7

Alegrem-se na esperança, sejam pacientes na tribulação, perseverem na oração.

— ROMANOS 12:12

A verdade

Quando sofremos alguma aflição, Deus conhece a angústia das nossas almas. Ele sabe! Podemos nos regozijar — por mais difícil que seja — e ouvir quando Deus fala conosco. Não, não gostamos de aflições, mas a verdade é que elas podem nos fortalecer ou derrubar. O que você prefere?

Diga a verdade a si mesmo

"Deus vê minha aflição. Ele sabe da minha angústia. Ele ouviu meus gritos à noite. Mas durante minha aflição, minha esperança está segura nele, enquanto eu espero e oro com paciência. Essa aflição não me derrotará. Sim, ela está testando minha paciência — mas eu passarei no teste, permanecerei firme e regozijarei no amor de Deus. Eu sairei dessa aflição mais forte do que nunca, e quando ela tiver passado, todo meu louvor será dado a Deus, porque ele esteve comigo durante todo esse tempo, deixando-me mais forte, mais confiante e fazendo de mim uma testemunha daquilo que ele pode fazer por meio de uma provação ou aflição."

Ore acerca da promessa

Senhor, sabes como está sendo difícil. No entanto, tenho tua promessa de que falas comigo em meio à minha aflição, conheces a angústia da minha alma e pedes de mim apenas que eu seja paciente enquanto oro durante este período. Eu serei feliz e me regozijarei, sabendo que teus olhos jamais se desviam de mim — nem por um segundo. Eu extrairei coisas boas daquilo que parece ser um tempo tão difícil. Acredito que esta provação se transformará em bem para mim.

Quando estou na adega da aflição, procuro os vinhos mais seletos do Senhor.

— Samuel Rutherford

ENVELHECER TAMBÉM É UMA BÊNÇÃO

A Palavra de Deus

"Meus dias correm mais velozes que um atleta;
eles voam sem um vislumbre de alegria."

— Jó 9:25

"Mesmo na sua velhice, quando tiverem cabelos brancos, sou eu
aquele, aquele que os susterá. Eu os fiz e eu os levarei; eu os sus-
terei e eu os salvarei."

— Isaías 46:4

A verdade

Envelhecer é uma dádiva de Deus. Devemos desfrutar dos nossos anos de idade avançada, não amargurá-los. Mas, às vezes, doenças, dores, perdas financeiras e solidão parecem se unir para estragar
aquilo que deveria ser um período feliz da vida. Deus sabia que precisaríamos dele de maneira diferente quando envelhecemos, e ele está
a postos com suas promessas de nos manter em suas mãos até o dia
em que nos encontraremos face a face. E a cada dia que envelhecemos
nos aproximamos um dia da eternidade que passaremos com nosso
Pai na glória e da promessa de uma nova vida e de um novo corpo.

Diga a verdade a si mesmo

"Deus me deu a dádiva dos anos, e sou grato por isso. Sim, atra-
vesso vales, mas Deus reside com aqueles que neles estão. Outros
podem até gastar a segunda metade de suas vidas, mas eu não farei
isso. Eu continuarei perseverando, intercedendo, regozijando e servindo até o dia em que ele me chamar para casa. Olho para minha
vida e vejo até onde Deus me levou. Ele não me abandonará agora.

Ele me carregará, me sustentará e me resgatará enquanto eu envelheço com graça. Nada tenho a temer da idade. Esta é a Palavra de Deus para mim."

Ore acerca da promessa

Obrigado, Senhor, por esse outono da minha vida. Mesmo desejando estar contigo na eternidade, estou feliz em permanecer aqui como tua testemunha, e continuarei a me alegrar em tua presença. Sim, nos meus últimos anos, serei teu adorador. Regozijarei em ti. Em tempos bons e em tempos ruins, eu te louvarei, meu Senhor.

Eu envelhecerei, mas jamais perderei o gosto pela vida,
Pois a última curva na estrada será a melhor.

— Henry Van Dyke

DEUS DESIGNOU **ANJOS** PARA ME GUARDAR

A Palavra de Deus

A seus anjos ele dará ordens a seu respeito,
para que o protejam em todos os seus caminhos.

— SALMOS 91:11

Os anjos não são, todos eles, espíritos ministradores enviados para servir aqueles que hão de herdar a salvação?

— HEBREUS 1:14

A verdade

Somos protegidos todos os momentos por um mundo invisível de anjos que nos guardam. Eles vigiam cada um dos nossos passos. E eles são experts naquilo que fazem.

Diga a verdade a si mesmo

"Eu sou um herdeiro da salvação, e os anjos de Deus são enviados para me proteger em todos os meus caminhos. Mesmo que eu não veja esses protetores, sei que Deus opera por meio deles para realizar sua vontade em mim e para me manter seguro. Quando sinto que há algo de errado em meu caminho, eu me acalmo, sabendo que os anjos de Deus estão por perto. Agradeço a Deus por seus anjos que estão trabalhando em meu favor."

Ore acerca da promessa

Pai, sei que tu me proteges, e o fato de enviares anjos para cuidarem de mim me deixa tranquilo. Obrigado por esses guardiões invisíveis. Que eu jamais esteja tão apressado a ponto de correr mais rápido do que eles conseguem voar.

Cristãos, elevem seus olhos — tenham coragem. Os anjos estão mais próximos do que vocês imaginam.

— Billy Graham

SOU LENTO PARA A **IRA** E PRONTO PARA PERDOAR

A Palavra de Deus

Evite a ira e rejeite a fúria; não se irrite:
isso só leva ao mal.

— SALMOS 37:8

[O amor] não se ira facilmente, não guarda rancor.

— 1CORÍNTIOS 13:5

A verdade

A ira é uma emoção que surge facilmente. Determinadas circunstâncias podem levar qualquer um de nós a perder o controle. No entanto, sabemos que Deus nos chamou para o amor, não para a ira injusta. Como, então, podemos evitar nos irar facilmente? Uma maneira é abrir mão de querer controlar tudo. Muitas vezes, nossa ira é despertada quando sentimos que estamos perdendo o controle em determinada situação. Mas abrindo mão do controle e entregando-o nas mãos de Deus, podemos evitar a ira. Podemos soltar um suspiro profundo de alívio e trocar nossa atração pela ira por uma atração por um sentimento melhor: o amor. Quando a nossa ira é uma ira justa — o tipo de ira que Deus também sente — precisamos, mesmo assim, levar nossas emoções até ele e conversar com ele sobre a situação. Deus é um bom ouvinte quando precisamos desabafar, e ele nos ajudará a reagir da maneira adequada.

Diga a verdade a si mesmo

"Em Cristo, não sou uma pessoa irritada. Fui chamado para o amor e para a paz, não para o conflito e para a briga. A ira só me leva a um mal maior e ao pecado. Quando estou irritado, digo coisas que não quero dizer e das quais me arrependo depois, muitas vezes machucando aqueles que eu amo. Quando sou tentado pela ira, eu oro por aqueles que me irritam, lembrando-me de que Deus perdoou muitas e muitas ofensas minhas e de que eu, por minha vez, posso perdoar àqueles que me tratam de forma injusta. Eu os liberto de minha ira, liberto-me de toda amargura e convido o amor para que ele substitua meus sentimentos de vingança, malícia e rancor. Quando minha ira se volta contra uma situação, eu paro e não faço nada antes de orar e esperar. E ele sempre me responde."

Ore acerca da promessa

Deus, odeio o que acontece quando me irrito. Odeio todo o trabalho de reparação que preciso fazer quando desabafo injustamente na frente de uma pessoa ou em determinada situação que me irritou. Ajuda-me a fazer dos teus ouvidos os primeiros a ouvirem minhas queixas quando eu me irritar. Acalma-me dizendo-me que tu conheces o resultado da situação e que tudo ficará bem. Entendo que minha ira não precisa ser parte da solução de qualquer circunstância. Por favor, dá-me paz e autocontrole.

Não diga: "Eu não posso mudar meu temperamento." Amigo, você precisa mudar. Ore a Deus e peça que ele lhe ajude a superar isso de vez. Ou você mata a ira, ou a ira o matará. Você não pode levar sua ira para o céu.

— Charles Spurgeon

ENTREGO MINHA **ANSIEDADE** A DEUS

A Palavra de Deus

Sonda-me, ó Deus, e conhece o meu coração;
prova-me, e conhece as minhas inquietações.

— Salmos 139:23

Não andem ansiosos por coisa alguma, mas em tudo, pela oração e súplicas, e com ação de graças, apresentem seus pedidos a Deus.

— Filipenses 4:6

A verdade

Ansiedade é o medo do desconhecido. Muita ansiedade nasce do fato de não sabermos o que acontecerá a seguir no cenário mundial ou nos cantos mais escondidos da nossa vida. Mas muitas vezes nos esquecemos de que aquilo que nos é desconhecido é plenamente conhecido por Deus. Em vez de permitirmos que a ansiedade nos molde, podemos permitir que a fidelidade de Deus o faça. Podemos confiar nele em cada situação de ansiedade — seja nos grandes eventos do mundo seja, mais provavelmente, nas ansiedades menores que privam nossos relacionamentos, nossas carreiras e nossas famílias de sua felicidade.

Diga a verdade a si mesmo

"A ansiedade rouba a minha paz e enfraquece a minha fé. Portanto, obedecerei à Palavra de Deus e não ficarei ansioso com nada. Em cada situação de ansiedade, entregarei, por meio da oração e ação de graças, minha ansiedade a Deus, trocando-a por sua paz. Ele acalmará todos os meus pensamentos de ansiedade."

Ore acerca da promessa

Pai, entrego minha ansiedade a ti. Todos os meus sentimentos de pânico ou o nervosismo infundado precisam ser substituídos por minha confiança em ti. Tua paz é meu único antídoto contra a ansiedade. Eu descansarei em ti, aquele que jamais tem motivos para estar ansioso.

∽

Já não sinto mais qualquer ansiedade, pois entendo que o Senhor é capaz de executar a sua vontade, e a sua vontade é também a minha. Não importa onde ele me coloca, ou em que circunstâncias. Cabe a ele decidir isso, não a mim. Pois mesmo nas situações mais fáceis preciso de sua graça; e nas mais difíceis, sua graça me basta."

— Hudson Taylor

A BÍBLIA ME MOSTRA DEUS

A Palavra de Deus

Agradecemos a Deus sem cessar, pois, ao receberem de nossa parte a palavra de Deus, vocês a aceitaram não como palavra de homens, mas segundo verdadeiramente é, como palavra de Deus, que atua com eficácia em vocês, os que creem.

— 1TESSALONICENSES 2:13

Vocês foram regenerados, não de uma semente perecível, mas imperecível, por meio da palavra de Deus, viva e permanente.

— 1PEDRO 1:23

A verdade

A Bíblia é uma janela para o céu e revela os propósitos de Deus por meio de palavras e emoções dos personagens e autores dos 66 livros que a compõem. Quando a lemos, olhamos por essa janela. A Bíblia é também pão para o cristão faminto. Ela nos sustenta em qualquer situação. Se permitirmos que a Palavra de Deus molde as nossas vidas, poderemos superar os problemas que nos privam da alegria. Viva a Palavra e seja feliz.

Diga a verdade a si mesmo

"Eu renasci ao crer na Palavra de Deus, e agora a ela vive em mim e trabalha em mim mesmo quando não estou ciente disso. Eu confio plenamente na Palavra de Deus e não permito que circunstâncias externas me abalem. A Palavra é meu escudo em todas as situações. A Palavra é meu conselheiro, meu consolador e meu instrutor. A Palavra de Deus desmascara a ineficiência da razão humana. Por meio de sua Palavra eu supero o mal. Com a Palavra residindo em mim e com a minha confiança naquilo que Deus disse, eu não posso ser vencido. Quanto mais eu me alimento da Palavra de Deus mais ela edifica o meu espírito. A Palavra é minha âncora. Ela me fortalece, me resgata e me transforma a cada dia."

Ore acerca da promessa

Deus, quero saber mais da tua Palavra! Quero que reveles mais de ti a cada página que eu virar, permitindo que tuas palavras permeiem o meu espírito. Continua, Senhor, a revelar mais das tuas preciosas promessas, para que eu possa viver cada vez mais segundo a tua vontade.

As Escrituras nos foram dadas não para aumentarem nosso conhecimento, mas para transformarem nossas vidas.

— D. L. Moody

MINHA VIDA É REPLETA DE **BÊNÇÃOS**

A Palavra de Deus

O SENHOR enviará bênçãos aos seus celeiros e a tudo o que as suas mãos fizerem. O SENHOR, o seu Deus, os abençoará na terra que lhes dá.

— DEUTERONÔMIO 28:8

A tua bênção está sobre o teu povo.

— SALMOS 3:8

"Como são felizes os que guardam os meus caminhos!"

— PROVÉRBIOS 8:32

Bendito seja o Deus e Pai de nosso Senhor Jesus Cristo, que nos abençoou com todas as bênçãos espirituais nas regiões celestiais em Cristo.

— EFÉSIOS 1:3

A verdade

A ideia de Deus abençoar uma pessoa é que, como resultado disso, esta seja realmente feliz. Mas esta é uma felicidade interior que vem de Deus, entregando-se a si mesmo como bênção. E a coisa maravilhosa é que Deus é um Deus que tem o maior prazer em se entregar às pessoas. Fomos feitos para conhecê-lo e amá-lo.

Quando aceitamos a presença de Deus em nossas vidas pela fé, somos abençoados com felicidade. Deus não só tem o maior prazer em nos abençoar, mas ele também quer nos dar uma benção que excede todas as nossas expectativas. Em Cristo, Deus "nos abençoou com todas as bênçãos espirituais nas regiões celestiais". Temos uma vida

O poder das promessas de Deus   61

abençoada. Que Deus nos dê uma visão capaz de reconhecer o quanto somos abençoados.

Diga a verdade a si mesmo

"Sou uma pessoa abençoada! Deus sente o maior prazer em derramar suas bênçãos sobre mim. Ele me resgatou para mostrar-me sua benção. Ele se deu a mim para que eu pudesse ser abençoado. Ele me abençoou com suas riquezas para que outros em minha volta pudessem ser beneficiados. Sou abençoado nas regiões celestiais com cada bênção espiritual em Cristo. Enquanto eu viver essa vida terrena, essas bênçãos espirituais repercutem em tudo que faço. Qualquer coisa que eu fizer em minha caminhada é abençoada por Deus porque provém de Deus. Por causa da bênção divina, eu não tenho como fracassar. Esta é a sua promessa!"

Ore acerca da promessa

Senhor, tu, e apenas tu, és a bênção maior em minha vida. Nada me satisfaz como tu. Louvado sejas por te revelares a mim e me ofereceres a tua salvação. És maravilhoso! Como sou abençoado! Obrigado, obrigado, obrigado!

⟿

Não importa quantas bênçãos esperamos de Deus, sua infinita generosidade sempre excede todos os nossos desejos e pensamentos.

— João Calvino

DEUS ESTABELECEU **LIMITES** PARA A MINHA VIDA

A Palavra de Deus

Quer você se volte para a direita quer para a esquerda, uma voz atrás de você lhe dirá: "Este é o caminho; siga-o."

— ISAÍAS 30:21

"Tudo me é permitido", mas nem tudo convém. "Tudo me é permitido", mas eu não deixarei que nada me domine.

— 1CORÍNTIOS 6:12

A verdade

Vivemos em tempos que não gostam de limites, no entanto, limites são proteções que nos mantêm dentro da vontade de Deus. Somos felizes quando reconhecemos um limite que Deus estabeleceu para o nosso próprio bem. E quais são as áreas que não precisam de limites — nossos pensamentos? Nossos relacionamentos? Nosso tempo? Nosso dinheiro? Nossos desejos sexuais? Sim, todos elas e muitas outras precisam de limites. E para cada uma dessas áreas Deus nos dá uma consciência que nos ajuda a estabelecer os limites. Viole sua consciência formada pela Palavra de Deus e você violará os limites divinos para você. Fique atento aos limites de Deus em sua vida. Eles existem porque ele o ama.

Diga a verdade a si mesmo

"Sem limites, meus pensamentos andam por onde não devem andar. Por isso, Deus estabeleceu limites pessoais para mim. São linhas que não ouso ultrapassar, pois fazê-lo significa arriscar minha vida física, emocional e espiritual. Limites não restringem minha felicidade; eles a aumentam mantendo-me afastado das fontes de infelicidade.

Eu amo os limites que Deus estabeleceu para mim e aprecio o seu poder restritivo que me mantém dentro deles na minha jornada da fé. Que Deus estabeleça tantos limites na minha vida quanto ele achar necessário. Eles me mantêm seguro."

Ore acerca da promessa

Obrigado, Deus, por, em tua sabedoria, colocares determinados limites em minha vida. Tu me tens revelado alguns desses limites por meio de experiências amargas quando vou a lugares que eu deveria evitar, quando passo meu tempo com pessoas que me afastam de ti, ou quando faço coisas estúpidas que servem apenas para me mostrar o quanto eu preciso de teus limites. Senhor, por favor, continua a mostrar-me quando preciso de um novo limite em determinada área da minha vida. Ficarei atento, Senhor.

Limites existem para proteger a vida, não para limitar os prazeres.

— Edwin Louis Cole

RELACIONAMENTOS DANIFICADOS
MACHUCAM MEU CORAÇÃO

A Palavra de Deus

O Senhor está perto dos que têm o coração quebrantado
e salva os de espírito abatido.

— Salmos 34:18

Só ele cura os de coração quebrantado e cuida das suas feridas.

— Salmos 147:3

"Seu Pai sabe do que vocês precisam, antes mesmo de o pedirem."

— Mateus 6:8

A verdade

É muito duro perder um amor ou um amigo de confiança. Especialmente quando a separação ocorre de forma não amigável. Palavras duras, sentimentos feridos e lágrimas amargas fazem parte da dor quando alguém abandona um relacionamento que deveria ter sido permanente. Mas Deus sabe o que está acontecendo. Não só o que você consegue ver, mas também aquilo que ele vê e você não. Se você estiver disposto a ir para os lugares que Deus lhe preparou e a fazer as coisas que ele planejou para você, então essa separação pode até servir para o bem. Ah, sei que não é assim que você se sente no momento e talvez nem mesmo se sentirá por um bom tempo, mas o tempo está do seu lado. Chore mais um pouco e então deixe as lágrimas secarem e agradeça a Deus por saber o que você precisa neste momento, mesmo antes de você o pedir. Ele quer curar seu coração quebrantado e suas feridas. Sim, ele está muito, muito próximo de você neste instante. Esta é a sua promessa. Você tem um futuro que o espera além da perda. Esta também é a sua promessa.

Diga a verdade a si mesmo

"Esta ferida dói. Sinto-me como se tivesse perdido o chão sob meus pés. Mas permanecerei firme, orarei por cura e prosseguirei com minha vida. Deus sabe e Deus cura. Esta dor não doerá para sempre. Eu sei que o plano amoroso de Deus para mim inclui também o fim de relacionamentos. Portanto, decido olhar para frente, não para trás, para aquilo que eu tive com essa pessoa. Agora estou trocando aquilo que tive por algo ainda melhor, mesmo que eu ainda não o saiba. Deus o revelará a mim em seu tempo."

Ore acerca da promessa

Pai, não sei por que este relacionamento teve que chegar ao fim, mas foi o que aconteceu. Tu conheces todas as razões, muitas das quais eu desconheço. Eu sei que se eu confiar em ti e realmente abrir mão desse relacionamento — sem amargura ou acusação — tu me levarás para onde queres que eu esteja. Apressa a cura, Senhor. Ajuda-me a avançar o bastante para que eu não olhe para trás e renove essa dor.

∽

São maravilhosos os milagres que Deus opera em vontades que se entregam totalmente a ele. Ele transforma coisas difíceis em coisas simples, e coisas amargas em coisas doces.

— Hannah Whitall Smith

O SENHOR É QUEM ME DÁ DESCANSO

A Palavra de Deus

"Venham a mim, todos os que estão cansados e sobrecarregados, e eu lhes darei descanso."

— MATEUS 11:28

Havia muita gente indo e vindo, a ponto de eles não terem tempo para comer. Jesus lhes disse: "Venham comigo para um lugar deserto e descansem um pouco."

— MARCOS 6:31

Nunca lhes falte o zelo, sejam fervorosos no espírito, sirvam ao Senhor.

— ROMANOS 12:11

A verdade

Hoje em dia, é fácil se esforçar demais. Atividades familiares, empregos, trabalhos escolares, amizades, tempo no computador — uma atenção excessiva a qualquer uma dessas coisas pode deixá-lo exausto. E, muitas vezes, o resultado dessa exaustão é nos sentirmos acabados, desgastados — acreditando que jamais voltaremos a ser úteis para Deus ou para a humanidade. Mas Jesus sabe o que fazer quando estamos exaustos. Primeiro, devemos ir até ele para descansar. Depois, vamos com ele para um lugar deserto onde podemos descansar.

Algumas pessoas se sentem culpadas quando descansam, como se devessem ficar ocupadas o tempo todo e resolvendo o próximo item de sua lista. Na verdade, a próxima coisa que elas precisam aprender a fazer é descansar. Isso pode significar deixar o computador desligado por alguns dias, talvez ir para um lugar que permita descanso ou simplesmente ficar em casa sem fazer nada. Encontre um lugar onde você e Jesus possam ficar em silêncio juntos. E depois de descansar, você voltará "abastecido e fervoroso", pronto para a largada. Permita que sua vida seja comedida e constante, não corrida. Encontre o ritmo de Deus para você em vez de voltar à mesma correria que *sempre* o deixará exausto.

Diga a verdade a si mesmo

"Eu preciso de uma pausa. Eu investi todas as energias que tenho nas obrigações da minha vida, e agora não aguento mais, nem mais um dia. Primeiro, aquietarei minha alma. Eu me desligarei de todas as coisas que me cansaram tanto. Então, descansarei e orarei e simplesmente ficarei com Jesus, ouvindo sua sabedoria para a minha vida, permitindo que ele defina as prioridades para ela. Quando eu voltar para a minha vida com minhas energias restauradas, prometo que não acumularei mais tantas atividades a ponto de chegar à exaustão novamente. Uma vida comedida e equilibrada — esta é a minha meta."

Ore acerca da promessa

Senhor, tu sabes como é a minha vida. Ajuda-me a resistir firmemente às obrigações que ameaçam esgotar as minhas forças. Ajuda-me a dizer: "Não, sinto muito, não posso fazer isso no momento." Ajuda-me, Senhor, a pôr ordem em minha vida atribuindo prioridades alta, média e baixa a todas as coisas que preciso fazer. Peço que estejas comigo enquanto eu descansar um pouco contigo. Ensina-me a ficar verdadeiramente em silêncio. Ajuda-me a aquietar minha alma. Ajuda-me a ter a vida equilibrada que tanto desejo.

⤳

Você está acabado. Queimado. Desgastado. Você foi substituído... esquecido. Isso é uma mentira!

— Charles Swindoll

FILHOS SÃO UM PRESENTE DE DEUS

A Palavra de Deus

Sejam manifestos os teus feitos aos teus servos,
e aos filhos deles o teu esplendor!

— SALMOS 90:16

Os filhos são herança do SENHOR, uma recompensa que ele dá.
Como flechas nas mãos do guerreiro
são os filhos nascidos na juventude.

— SALMOS 127:3-4

Disse Jesus: "Deixem vir a mim as crianças e não as impeçam; pois
o Reino dos céus pertence aos que são semelhantes a elas."

— MATEUS 19:14

A verdade

Filhos são uma benção de Deus. Eles são nossas flechas espirituais que atiramos para o futuro para que eles mantenham viva a nossa fé. Jamais devemos negligenciar a obrigação de influenciar nossos filhos em relação ao caminho que eles devem seguir. Se temos falhado como pais, devemos começar agora a corrigir essa negligência. Se nossos filhos já forem adultos e não estiverem caminhando com Deus, podemos — e devemos — orar pelo futuro deles e jamais deixar de ter esperança. Muitos pais sabem como Deus pode trazer um filho adulto desviado de volta à fé. Não, nunca desista dos seus filhos, sejam eles jovens ou adultos. Mostre a eles o esplendor do Senhor, nosso Deus. Para nossos filhos, somos a presença visível do Deus invisível.

Diga a verdade a si mesmo

"Meus filhos são uma benção para mim. Deus os deu a mim para que eu orasse por eles, os protegesse e os instruísse no caminho a seguir. Eu enxergarei essas crianças preciosas com os olhos de Deus e reconhecerei sua expectativa para as suas vidas. Espero grandes coisas para os meus filhos. Serei tão amoroso com eles quanto meu Pai celestial é amoroso comigo. Na verdade, eles são tanto meus professores, enviados por Deus, quanto eu sou o deles. Acima de tudo, eu lhes mostrarei o esplendor de Deus."

Ore acerca da promessa

Senhor, obrigado pelos filhos que tenho. Que eu possa ser fiel em revelar a eles a tua glória. Que meus filhos possam caminhar em teus passos. Quando errarem, peço que os tragas de volta rapidamente, para que não se percam novamente. Que cada um seja uma flecha que tu atiras para o futuro a fim de ser uma benção para a próxima geração. Quando eu morrer, guarda e protege os meus filhos. Cobre-os, Senhor. Protege-os na sombra das tuas asas.

Basta você falar uma única palavra a uma criança e, talvez, essa criança tenha um nobre coração adormecido, que despertará para a Igreja cristã em anos futuros.

— Charles Spurgeon

POSSO ENCONTRAR SATISFAÇÃO
EM TODAS AS **CIRCUNSTÂNCIAS**

A Palavra de Deus

Sabemos que Deus age em todas as coisas para o bem daqueles que o amam, dos que foram chamados de acordo com o seu propósito.

— ROMANOS 8:28

Aprendi a adaptar-me a toda e qualquer circunstância.

— FILIPENSES 4:11

Deem graças em todas as circunstâncias, pois esta é a vontade de Deus para vocês em Cristo Jesus.

— 1TESSALONICENSES 5:18

A verdade

Deus nunca está ausente, nem mesmo na mais difícil das circunstâncias. Quando confiamos nele, todas as nossas situações cooperam para o nosso bem. O segredo é manter os nossos olhos nele, não nas nossas circunstâncias.

Diga a verdade a si mesmo

"Deus nunca é surpreendido por nossas circunstâncias. Ele é soberano e vê cada uma das minhas situações como caminho para o futuro que ele planejou para mim. Até mesmo eventos adversos são transformados por Deus em passos para o meu destino. Dou graças em todas as circunstâncias, sabendo que Deus orquestra todas elas para o meu bem. Confio a ele até aquelas mais difíceis da minha vida. Não existe nenhuma que possa diminuir a minha fé. Não existe

O poder das promessas de Deus 71

circunstância que não me deixará mais forte se eu a encarar com fé em Deus. Deus vê. Deus sabe. Deus entende. Ele está sempre agindo nos bastidores."

Ore acerca da promessa

Pai, tu és o Senhor de toda e qualquer circunstância. Até mesmo quando elas parecem estar contra mim, tu estás presente. Eu creio e confio em ti enquanto oro e observo como tu ordenas as circunstâncias da minha vida. Em cada caso, procuro identificar teu propósito de fazer com que tudo concorra para o meu bem.

Se não conseguirmos crer em Deus quando as circunstâncias nos parecem contrárias, nós não cremos de todo.

— Charles Spurgeon

DEUS **ILUMINA MINHA MENTE** PARA RESOLVER SITUAÇÕES COMPLICADAS

A Palavra de Deus

Temos a mente de Cristo.

— 1Coríntios 2:16

Deus não nos deu espírito de covardia, mas de poder, de amor e de equilíbrio.

— 2Timóteo 1:7

A verdade

Deus quer que pensemos com clareza. Uma mente confusa não pode ser usada por ele. Seu Espírito nos capacita a focar nossas mentes apenas nas questões importantes. Assim como Jesus não se concentrou na cruz que o esperava, mas naquilo que ela garantiria àqueles que ele ama, nós também podemos nos concentrar não nos nossos problemas, mas, com clareza de pensamento, manter nossos olhos e nossa mente nele.

Diga a verdade a si mesmo

"Deus me presenteou com um cérebro maravilhoso. E, segundo sua promessa, tenho a mente de Cristo; portanto, sou capaz de pensar claramente e sensatamente sem confusão. Sou capaz de tomar decisões sensatas, confiando que Deus operará por meio de qualquer decisão que eu tome com fé e de acordo com a sua Palavra. Minha mente clara pondera as coisas com um raciocínio guiado por Deus. Chego às conclusões certas com a mente de Cristo e sou guiado pelo Espírito Santo, que habita em mim. Não permito que emoções equivocadas me distraiam. Minha mente é ativa, não passiva; é criativa, não inerte; produtiva, não preguiçosa; centrada em Deus, não nos problemas. Minha mente é um presente glorioso de Deus, capaz de descobrir que passo tomar em cada situação."

Ore acerca da promessa

Obrigado, Senhor, por minha mente clara, disciplinada e ordenada. Normalmente, meus pensamentos costumam me distrair e são inúteis. Mas tu me dás a capacidade de pensar da forma adequada. Tu trazes à minha mente soluções para os problemas. Tu me dás discernimento em situações preocupantes e sabedoria diante de possíveis desastres antes de eles acontecerem. Tu envias teu Espírito Santo para me guiar e orientar. Senhor, considero minha mente uma presente teu e um instrumento para ti.

Ah, meu amigo, pouco você sabe das possibilidades que existem em você.

— Charles Spurgeon

EU TENHO A **COMPAIXÃO** DE CRISTO

A Palavra de Deus

Sejam bondosos e compassivos uns para com os outros, perdoando-se mutuamente, assim como Deus perdoou vocês em Cristo.

— EFÉSIOS 4:32

Como povo escolhido de Deus, santo e amado, revistam-se de profunda compaixão.

— COLOSSENSES 3:12

Tenham todos o mesmo modo de pensar, sejam compassivos, amem-se fraternalmente, sejam misericordiosos e humildes.

— 1PEDRO 3:8

A verdade

O povo de Deus é um povo compassivo. Assim como Deus está repleto de compaixão, nós também devemos estar. Damos nosso tempo, nosso dinheiro e nossas orações aos necessitados. Damos nossa presença se ela satisfizer uma necessidade. As únicas mãos e os únicos pés que Deus têm para alcançar aqueles que precisam de compaixão são os nossos. Que possamos responder também com corações compassivos às necessidades daqueles que Deus coloca em nossas vidas.

Diga a verdade a si mesmo

"Deus demonstrou uma tenra compaixão para comigo muitas e muitas vezes. E por causa de sua compaixão por mim, eu sou gentil e compassivo com outros. Eu permito que Deus cuide de outras pessoas por meio de mim. Levo sua compaixão aos que sofrem na medida em que Deus me alerta para as necessidades das pessoas à minha volta. Eu respondo às necessidades com bondade e com quaisquer recursos que eu possa ter. Por meio da minha compaixão, eu me transformo em mãos e pés de Cristo em prol daqueles que estão em pecado ou dor, oferecendo esperança, redenção e cura. Assim como Deus me ofertou, eu oferto aos outros. A compaixão de Deus se expressa por meio de mim."

Ore acerca da promessa

Aqui estou, Senhor; envia-me! Usa-me como tuas mãos, teus pés e tua boca para os necessitados. Eu serei um consolador para aqueles que sofrem, um mensageiro das Boas-novas para aqueles que estão perdidos. Jamais olharei para as pessoas necessitadas — não importa do que precisem — como se não merecessem minha compaixão.

ᗧ

Quão longe você chega na vida depende de sua ternura com os jovens, de sua compaixão com os idosos, de sua simpatia com os fortes e de sua tolerância com os fracos. Pois em algum momento sua vida terá passado por todas essas fases.

— George Washington Carver

NÃO HÁ **CONDENAÇÃO** PARA AQUELES QUE ESTÃO EM CRISTO

A Palavra de Deus

"Deus enviou o seu Filho ao mundo, não para condenar o mundo, mas para que este fosse salvo por meio dele. Quem nele crê não é condenado, mas quem não crê já está condenado, por não crer no nome do Filho Unigênito de Deus."

— João 3:17-18

Jesus [...] perguntou-lhe: "Mulher, onde estão eles? Ninguém a condenou?"

"Ninguém, Senhor", disse ela.Declarou Jesus: "Eu também não a condeno. Agora vá e abandone sua vida de pecado."

— João 8:10-11

Agora já não há condenação para os que estão em Cristo Jesus.

— Romanos 8:1

A verdade

Sentimentos de culpa nutridos por cristãos simplesmente não combinam com o fato de que Deus, em Cristo, nos aceitou. Estar em Cristo significa estar livre da condenação para sempre. O inimigo, porém, ainda procura nos condenar e nos enfraquecer. Ele sabe muito bem que um cristão com uma consciência que o acusa não tem força.

No entanto, Cristo nos libertou da nossa culpa — razão suficiente para ninguém se sentir culpado. A liberdade da culpa é parte da nossa herança como cristãos. Por causa de Cristo podemos atravessar a vida com coragem e com uma consciência limpa. Todos os nossos pecados foram completamente perdoados na cruz. Precisamos acreditar nisso — e viver.

Diga a verdade a si mesmo

"Deus não me condena — ele me ama. Em Cristo, estou livre de qualquer condenação. Nenhum sentimento de vergonha tem espaço na minha vida, pois Cristo removeu a minha vergonha. Eu resisto e expulso qualquer sentimento de culpa que Satanás ou minhas próprias emoções tentam colocar em mim. Eu sei que, com meus pecados removidos para sempre, o inimigo não tem mais nenhuma base para me condenar. Eu sou justo em Cristo. Jamais permitirei que uma falsa culpa ou condenação obscureçam meu relacionamento com Deus. Jamais."

Ore acerca da promessa

Senhor, obrigado por ouvir de ti as mesmas palavras que a mulher em situação de adultério ouviu: "Eu também não a condeno. Agora vá e abandone sua vida de pecado." Saber que estou livre de condenação para sempre é para mim fonte de grande alegria.

A fé anula todo o passado, e não há condenação para você.

— John Wesley

SOU FEITO À IMAGEM DE UM DEUS **CRIATIVO**

A Palavra de Deus

Disse [...] Moisés aos israelitas: "O Senhor escolheu Bezalel, filho de Uri, neto de Hur, da tribo de Judá, e o encheu do Espírito de Deus, dando-lhe destreza, habilidade e plena capacidade artística, para desenhar e executar trabalhos em ouro, prata e bronze, para talhar e lapidar pedras, entalhar madeira para todo tipo de obra artesanal. E concedeu tanto a ele como a Aoliabe, filho de Aisamaque, da tribo de Dã, a habilidade de ensinar os outros. A todos esses deu capacidade para realizar todo tipo de obra como artesãos, projetistas, bordadores de linho fino e de fios de tecido azul, roxo e vermelho, e como tecelões. Eram capazes para projetar e executar qualquer trabalho artesanal."

— ÊXODO 35:30-35

Você já observou um homem habilidoso em seu trabalho?
Será promovido ao serviço real.

— PROVÉRBIOS 22:29

Tudo o que fizerem, façam de todo o coração, como para o Senhor, e não para os homens, sabendo que receberão do Senhor a recompensa da herança. É a Cristo, o Senhor, que vocês estão servindo.

— COLOSSENSES 3:23-24

A verdade

Deus é o ser criativo por excelência. Jamais houve um homem ou uma mulher que não tenha se maravilhado diante de alguma grande obra de Deus na natureza — diante de um lindo pôr do sol ou da complexidade de uma teia de aranha. Até os nossos corpos são evidência de seu gênio criativo. E nós, que fomos feitos à sua imagem, também somos chamados para sermos grandes criadores — cada um do seu jeito — seja, por exemplo, como artista, escritor, poeta, alfaiate, *chef*, *designer* ou, como Jesus, carpinteiro. (Você não adoraria ver uma peça de marcenaria feita por Jesus?)

Como vale para tudo que recebemos de Deus, a humildade deve ser nossa resposta a esses talentos que ele nos deu. Cada cristão, lá no fundo, conhece a verdadeira fonte de seus dons.

Se você dissesse: "Eu não tenho nenhum dom criativo", eu o encorajaria a orar sobre isso. Suspeito que você tem um dom que ou não reconhece como tal, minimizando-o em sua mente, ou que ainda não o descobriu. Muitas pessoas talentosas só reconhecem seu talento bem mais tarde em sua vida. Ore, permaneça atento e não tenha medo de dar um passo à frente e de ousar. Deus tem algo em mente para liberar seus talentos escondidos.

Diga a verdade a si mesmo

"Por ser feito à imagem de Deus, eu sou criativo, como ele. Ele depositou em mim a habilidade de produzir criações únicas com o meu talento. Minha habilidade criativa supera tudo que eu possa imaginar. Deus me confiou esses dons, que eu administro com grande cuidado. Eu não os gasto nem os uso para propósitos abomináveis. Minha vida artística se alimenta continuamente da fonte criativa daquele cuja criatividade não tem limites. Sua capacidade de criar beleza do nada me inspira a criar obras dignas do talento que ele me deu. Meu propósito é glorificar a Deus por meio dos meus dons, e não a mim mesmo. Não importa quanto sucesso eu tenha em meus empreendimentos artísticos, eu me comprometo a sempre devolver todo louvor a ele."

Ore acerca da promessa

Senhor, quantos dons criativos maravilhosos tu me deste! E todos eles são nada comparados com a tua criatividade. Multiplica os meus talentos assim como multiplicaste os peixes e o pão para a multidão faminta. Que os meus dias mais criativos ainda estejam por vir.

Deus nos dá presentes, graças e talentos naturais, não para o nosso próprio benefício, mas para que os entreguemos a ele.

— Madame Jeanne Guyon

NÃO TEMO A **MORTE**, POIS SEI QUE DEUS ME RECEBERÁ

A Palavra de Deus

Preciosa é à vista do SENHOR a morte dos seus santos.

— SALMOS 116:15, ARA

"Eu sou a ressurreição e a vida. Aquele que crê em mim, ainda que morra, viverá; e quem vive e crê em mim, não morrerá eternamente."

— JOÃO 11:25-26

Para mim o viver é Cristo e o morrer é lucro.

— FILIPENSES 1:21

A verdade

Para o cristão, a morte é a entrada para uma vida ainda melhor — e para a presença do Senhor. Não precisamos ter medo da morte. Quando o exame clínico traz um diagnóstico ruim, oramos por saúde, mas sabemos ao mesmo tempo que o nosso lar definitivo nos está garantido por Cristo e que a nossa morte é preciosa aos olhos de Deus. Não há, portanto, nada que devamos temer quanto a este dia. Podemos descansar despreocupados e sem medo.

Diga a verdade a si mesmo

"Eu não temo a morte. Como posso temer aquilo que me chama para meu lar celestial, onde estarei para sempre na presença de Deus e experimentarei a mais pura alegria? Quando o Senhor me chamar, eu irei para a sua presença com paz e alegria. Eu acredito que Deus reservou aquele dia para mim como se fosse um encontro com uma pessoa amada. E este é um encontro ao qual certamente não faltarei.

Entretanto, viverei plenamente nesta vida, servindo-o e amando-o com todo o meu ser. Até a chegada daquele dia, nada fatal pode me afetar. Estou seguro de qualquer perigo."

Ore acerca da promessa

Senhor, ainda tenho tanta coisa a fazer aqui. Mas tua agenda é mais precisa do que a minha. Quando tu me chamares, entrarei feliz em tua presença para sempre. Em um dia que apenas tu conheces, nos encontraremos face a face, para jamais nos separarmos.

Você tem medo da morte? Lembre-se que, para um filho de Deus, a morte é apenas a passagem para um novo mundo maravilhoso.

— Corrie ten Boom

DEUS ME DÁ SABEDORIA NAS DECISÕES

A Palavra de Deus

"Eu o instruirei e o ensinarei no caminho que você deve seguir;
eu o aconselharei e cuidarei de você."

— SALMOS 32:8

Mostra-me o caminho que devo seguir,
pois a ti elevo a minha alma.

— SALMOS 143:8

Se algum de vocês tem falta de sabedoria, peça-a a Deus, que a
todos dá livremente, de boa vontade; e lhe será concedida.

— TIAGO 1:5

A verdade

Durante a nossa vida, somos confrontados com muitas decisões,
algumas grandes, outras menos importantes. Mas em todo caso, a
decisão tomada em fé, confiando a Deus os seus resultados, será mais
útil do que qualquer decisão baseada em dúvida ou medo. Quando
oramos pedindo sabedoria, devemos acreditar que Deus responderá
essa oração. Às vezes, não entendemos por que estamos tomando
determinada decisão, e, às vezes, não vemos os resultados imediatos
que esperamos, mas o tempo revelará que uma decisão tomada segundo a orientação de Deus em oração, foi a certa.

Diga a verdade a si mesmo

"Quando confrontado com uma decisão, procuro descobrir a vontade de Deus sobre o assunto, peço sabedoria e creio que ele a concede com generosidade. Então agirei de acordo com essa decisão,

confiando a Deus as suas consequências. Não temo tomar uma decisão errada, pois decido pela fé, não com segundas intenções. Deus revelará a escolha certa a mim, mesmo quando o entendimento vier apenas mais tarde."

Ore acerca da promessa

Deus, preciso de tua ajuda para tomar a decisão correta. Tomei algumas decisões erradas no passado, e aprendi uma boa lição: o que parece certo para mim, nem sempre é certo para ti. Oro para que quando tiver que tomar uma decisão e eu desconhecer alguns fatores importantes, tu os reveles para mim. Dá-me clareza, Senhor, quando eu tiver que tomar decisões. Dá-me conselheiros sábios em cujas opiniões eu possa confiar. Guia-me também com a tua Palavra, Senhor. Que todas as minhas decisões possam ser expressões de fé, não vacilantes, mas confiantes em ti.

⤶

Quando estou ansioso em relação a alguma decisão sobre o futuro, eu combato a descrença com a promessa: "Eu o instruirei e o ensinarei no caminho que você deve seguir; eu o aconselharei e cuidarei de você."

— John Piper

QUANDO ESTOU **DEPRIMIDO**, SEI QUE DEUS ESTÁ COMIGO

A Palavra de Deus

Tu és a minha lâmpada, ó SENHOR!
O SENHOR ilumina-me as trevas.

— 2SAMUEL 22:29

Por que você está assim tão triste, ó minha alma?
Por que está assim tão perturbada dentro de mim?
Ponha a sua esperança em Deus! Pois ainda o louvarei;
ele é o meu Salvador e o meu Deus.

— SALMOS 43:5

O SENHOR ampara todos os que caem
e levanta todos os que estão prostrados.

— SALMOS 145:14

A verdade

Quando não há uma causa fisiológica, a depressão é o resultado da incapacidade temporária de vermos a nós mesmos ou a nossa situação por meio dos olhos de Deus. Quando, pela fé, vemos como Deus vê, nossa depressão pode ser substituída pela alegria. Deus levanta nossas cabeças quando ela está curvada em depressão. Ele nos permite enxergar como ele enxerga.

Diga a verdade a si mesmo

"Homens e mulheres na Bíblia — Jó, Davi, Moisés, Jonas — sofreram de depressão. Mas Deus os socorreu. E ele me socorre igualmente quando sinto o peso da depressão.

Quando estou deprimido, faço seis coisas:

1. Verifico se existe uma causa fisiológica numa conversa com meu médico.
2. Rejeito qualquer fonte satânica para a minha depressão, sejam "setas inflamadas" na forma de pensamentos depressivos ou vínculos a práticas ocultas no meu passado.
3. Deliberadamente, por meio de um ato de fé, eu começo a louvar a Deus. Eu me regozijarei. Eu trocarei minha tristeza pelo louvor. Mesmo quando minhas emoções me disserem o contrário, ainda assim o louvarei.
4. Faço uma lista de todas as coisas boas na minha vida e agradeço a Deus por cada uma dessas bênçãos.
5. Começo a orar por outros que precisam da ajuda de Deus.
6. Abro o livro de Salmos e leio em voz alta os meus versículos favoritos. Escolho um versículo incisivo contra a depressão e o reivindico para mim, repetindo-o em voz alta se necessário.

A combinação de renunciar a causa da minha depressão, de agradecer e louvar a Deus e de confiar em sua Palavra me capacita a renovar minha mente e faz da depressão uma coisa do passado."

Ore acerca da promessa

Deus, como odeio esta depressão! Ela me paralisa. Não presto para muita coisa quando me encontro sob essa nuvem escura. Mas, Deus, tu retiras minha depressão quando decido adorar-te a despeito de qualquer impulso depressivo que se manifesta contra meu louvor. Eu escolho versículos da tua Palavra para combater a onda que me quer levar para o mar aberto. Senhor, salva-me enquanto eu estiver atravessando as águas tempestuosas.

$\backsim$

O segredo da felicidade é não esperar até você se sentir feliz, mas levantar-se, num ato de fé, da depressão que está puxando você para baixo e começar a louvar a Deus como ato de escolha.

— A. B. Simpson

DEUS ME CHAMOU COM UM **PROPÓSITO**

A Palavra de Deus

Somos criação de Deus realizada em Cristo Jesus para fazermos boas obras, as quais Deus preparou de antemão para que nós as praticássemos.

— EFÉSIOS 2:10

Seja sóbrio em tudo, suporte os sofrimentos, faça a obra de um evangelista, cumpra plenamente o seu ministério.

— 2TIMÓTEO 4:5

A verdade

Deus tem um plano para usar você para seus altos propósitos. Cada cristão tem um destino: uma missão a cumprir que Deus lhe deu. Nossa tarefa nos foi preparada no passado e aguarda por nossa conclusão. E como resposta devemos fazer o nosso trabalho com a confiança de que Deus nos equipou plenamente e nos capacitou para fazermos o que ele espera de nós.

Se você achar que é uma pessoa tão obscura e imprestável que Deus não pode usar, contemple as palavras de Henry Varley que transformaram a vida do simples vendedor de sapatos D. L. Moody: "O mundo ainda há de ver o que Deus pode fazer com, para e por intermédio de um homem que se consagra completamente a ele." Deus o chamou para uma vida tão grande quanto a do evangelista do século XIX, D. L. Moody, Billy Graham ou Susanna Wesley, a mãe dos famosos homens de Deus John e Charles Wesley.

Aceite seu destino com alegria!

Diga a verdade a si mesmo

"Eu tenho um chamado para a minha vida — um propósito e uma missão preparada exclusivamente por Deus para mim. Eu aceito com alegria a missão que Deus me deu. No dia da minha morte, Deus terá realizado todas as obras poderosas que ele ordenou desde a eternidade por meio de mim. Eu avanço em oração e ações de graça, descobrindo os dons que Deus me deu para a minha missão. Sou privilegiado por ter sido escolhido para essa tarefa singular. Glória a Deus!"

Ore acerca da promessa

Deus, tu tens um trabalho para mim que só eu posso fazer. Eu não só aceito esse trabalho, mas também estou ansioso para fazê-lo. Peço que tu me reveles novos aspectos dele, que o mudes se necessário e que o reveles se eu ainda não souber qual é. Seja um trabalho grande ou pequeno, é o que tens preparado para mim, e eu te louvo por causa disso.

⤍

Somos feitos para propósitos maiores do que este mundo pode compreender. Ah, que sejamos fiéis ao nosso destino exaltado.

— Catherine Booth

DEUS ME AJUDARÁ A LIDAR COM PESSOAS DIFÍCEIS

A Palavra de Deus

A resposta calma desvia a fúria,
mas a palavra ríspida desperta a ira.
O falar amável é árvore de vida,
mas o falar enganoso esmaga o espírito.

— PROVÉRBIOS 15:1,4

"Eu lhes digo: Amem os seus inimigos e orem por aqueles que os perseguem, para que vocês venham a ser filhos de seu Pai que está nos céus. Porque ele faz raiar o seu sol sobre maus e bons e derrama chuva sobre justos e injustos. Se vocês amarem aqueles que os amam, que recompensa receberão? Até os publicanos fazem isso!"

— MATEUS 5:44-46

Seguindo a verdade em amor, cresçamos em tudo naquele que é a cabeça, Cristo.

— EFÉSIOS 4:15

A verdade

Cada um de nós tem pelo menos uma pessoa difícil com a qual tem de lidar em sua vida. Mas Deus nos chamou para amarmos as pessoas pouco amáveis — as difíceis —, e somos capazes de fazer isso quando entendemos que Deus nos amou apesar de sermos pouco amáveis — quando éramos "pessoas difíceis" para ele.

Diga a verdade a si mesmo

"Penso agora nas pessoas difíceis em minha vida. Elas me dão nos nervos. Elas parecem saber exatamente o que me irrita. Mas a verdade é que elas podem ter tristezas, situações difíceis e provações sobre as quais nada sei. A toxicidade pode ser o único jeito que elas conhecem de lidar com isso. Eu não julgarei as pessoas difíceis para mim. Serei compassivo com elas. Eu as amarei pela fé. Serei o embaixador de Deus na vida daqueles que são tão difíceis de amar. Também lhes falarei da verdade em amor. O resultado disso tudo cabe a Deus. Eu farei a minha parte sendo paciente e gentil com elas, e eu oferecerei a outra face quando elas me atacarem verbalmente. Que Deus seja honrado nos resultados disso tudo em suas vidas e também na minha."

Ore acerca da promessa

Senhor, no que diz respeito à pessoa difícil em minha vida: socorro! Tu sabes o quanto essa pessoa me afeta. Por favor, dá-me as palavras certas, a compaixão para ouvir e a paciência para suportar sua personalidade negativa. Se ela não deve fazer mais parte da minha vida em virtude de sua atitude destrutiva, oro para que tu me mostres como eu posso me afastar dela de forma adequada e gentil; caso contrário, confio que tu me darás o amor e a paciência necessários. E, Senhor, oro também para que eu jamais me torne a pessoa difícil na vida de outra pessoa.

Nosso Senhor tem muitos filhos fracos em sua família, muitos alunos lentos em sua escola, muitos soldados brutos em seu exército, muitas ovelhas deficientes em seu rebanho. No entanto, ele acolhe a todos e não expulsa ninguém. Feliz o cristão que aprendeu a fazer o mesmo como seus irmãos.

— J. C. Ryle

DEUS **ABRIRÁ OUTRA PORTA** EM LUGAR DA QUE SE FECHOU

A Palavra de Deus

Mesmo não florescendo a figueira,
não havendo uvas nas videiras;
mesmo falhando a safra de azeitonas,
não havendo produção de alimento nas lavouras,
nem ovelhas no curral
nem bois nos estábulos,
ainda assim eu exultarei no SENHOR
e me alegrarei no Deus da minha salvação.

— HABACUQUE 3:17-18

"Venha o teu Reino; seja feita a tua vontade, assim na terra como no céu."

— MATEUS 6:10

A verdade

Decepção é uma reação humana experimentada quando Deus quer *isso* e nós queremos *aquilo*. Entretanto, vendo com os olhos da fé, enxergamos que a direção dele era a certa, e a nossa, a errada. Podemos até descobrir que nós queríamos aquilo porque nossa motivação estava errada ou porque nos orientamos por pessoas falíveis para fazer certas coisas, e elas nos decepcionaram. Ou podemos ter feito uma suposição errada sobre Deus. Talvez pedimos que ele conformasse sua vontade à nossa, em vez de garantir que a nossa se conformasse à dele.

A boa notícia é que a fé pode transformar a decepção em um encontro com Deus.

Diga a verdade a si mesmo

"Essa decepção dói. Sinto-me traído quando espero uma coisa mas outra acontece. Mas deixarei de lado os meus sentimentos e ficarei atento aos resultados que Deus produz a partir dessa decepção. Continuarei a orar e a esperar que Deus transforme esse evento decepcionante. Pela fé, tudo concorrerá para o bem. Essa decepção ensejará um encontro com Deus."

Ore acerca da promessa

Senhor, é difícil aceitar essa decepção. Tu sabes o que eu esperava, e agora vês que tudo acabou saindo de outro jeito. Eu tinha orado em relação a isso, Senhor, e não havia esperado esse resultado. Ajuda-me a ver pela fé que essa virada inesperada me levará ao lugar certo — mesmo que seja um lugar para o qual eu não pretendia ir. Se tu estiveres ali esperando por mim, tudo ficará bem.

Há muitas coisas que o mundo chama de decepção, mas no dicionário da fé não existe essa palavra. O que são decepções para os outros, são intimações de Deus para o cristão.

— John Newton

DEUS NÃO MUDA, MESMO QUANDO OCORRE UMA **CATÁSTROFE**

A Palavra de Deus

O SENHOR cuida da vida dos íntegros,
e a herança deles permanecerá para sempre.
Em tempos de adversidade não ficarão decepcionados.

— SALMOS 37:18-19

"Quando você atravessar as águas, eu estarei com você;
e quando você atravessar os rios, eles não o encobrirão.
Quando você andar através do fogo, você não se queimará;
as chamas não o deixarão em brasas."

— ISAÍAS 43:2

A verdade

As catástrofes vêm em todas as formas e tamanhos. Algumas são pessoais, que afetam apenas a nós mesmos ou as nossas famílias. Outras, como catástrofes naturais — terremotos, tempestades, enchentes, incêndios —, cobram um preço tanto coletivo quanto pessoal de todos os afetados por elas.

Mas Deus está ausente quando a catástrofe se abate sobre nós? Não devemos confiar em Deus também nessas horas? É claro, devemos confiar — especialmente durante tempos catastróficos. Deus não ignora a nossa luta. Ele sabe e providencia. O apóstolo Paulo se encontrava num navio a caminho de Roma quando surgiu uma tempestade, ameaçando afundar o navio. Paulo, porém, permaneceu confiante e instruiu a tripulação a ser corajosa. Quando finalmente naufragaram em Malta, Paulo orou pelo pai do principal oficial da ilha, que então foi curado. Atos 28:9 nos diz que, depois disso, "os outros doentes da ilha vieram e foram curados". A catástrofe gerou uma oportunidade para ajudar outras pessoas, para propagar o nome de Cristo. Quando a catástrofe ocorrer, acate o conselho de Paulo e seja corajoso, e observe como Deus o usa em meio ao caos. Paulo acabou chegando a Roma. Você também alcançará seu bom destino. Apenas deixe que Deus o carregue nessa situação.

Diga a verdade a si mesmo

"Eu não fico esperando uma catástrofe, mas se ela vier, eu depositarei minha esperança completamente em Deus. Ele me ajudará a atravessar qualquer calamidade. Deus nunca é pego de surpresa. Ele vê quando o desastre se aproxima, e ele está presente para que eu possa me apoiar nele quando minhas forças se esgotarem. Eu corro para os braços abertos de Deus, e mesmo que não o consiga ver agora, permaneço confiante de que o resultado dessa catástrofe concorrerá para o bem. Nenhuma enchente, nenhuma tempestade, nenhum incêndio, nenhum terremoto — nenhuma catástrofe de qualquer tipo — pode me ocorrer sem que Deus esteja me vigiando com seu olhar atento. Em tempos assim, eu confiarei totalmente nele."

Ore acerca da promessa

Ajuda-me, Senhor! Eu não fazia ideia de que isso aconteceria. Agora, em meio a esta catástrofe, eu clamo a ti. Fortalece-me! Ajuda-me a permanecer calmo. Confio em ti. Se tu estiveres planejando usar essa calamidade para o bem, que assim seja. Eu caminharei pela fé, não pelo que vejo. Eu confiarei.

⤿

Adquirir uma fé forte significa suportar grandes provações. Eu aprendi a crer permanecendo firme em meio a provações severas.

— George Mueller

DEUS ME DÁ DISCERNIMENTO

A Palavra de Deus

Sou teu servo;
dá-me discernimento para compreender os teus testemunhos.

— SALMOS 119:123

O homem de discernimento mantém a sabedoria em vista,
mas os olhos do tolo perambulam até os confins da terra.

— PROVÉRBIOS 17:24

Esta é a minha oração: que o amor de vocês aumente cada vez mais
em conhecimento e em toda a percepção, para discernirem o que é
melhor, a fim de serem puros e irrepreensíveis até o dia de Cristo,
cheios do fruto da justiça, fruto que vem por meio de Jesus Cristo,
para glória e louvor de Deus.

— FILIPENSES 1:9-11

A verdade

O discernimento é uma marca de maturidade. Por meio do discernimento entendemos os mandamentos de Deus — aquilo que ele deseja
de nós. O discernimento pode ser comparado à leitura de sinais de
trânsito ao longo da estrada: Pare, dê a preferência, diminua a velo-
cidade, pista escorregadia. Todos estes sinais, e outros, servem como
advertências aos sábios. Uma pessoa imatura e impulsiva não possui
discernimento e ignora os sinais que Deus posiciona ao longo da estrada da vida. A pessoa com discernimento está atenta aos sinais de Deus
e lhes obedece. Essa pessoa facilmente permanece na estrada certa.

Diga a verdade a si mesmo

"Eu não seguirei minhas emoções passageiras, mas discernirei um problema à luz da Palavra de Deus. Confio que Deus me dará discernimento em qualquer situação e alertará meu espírito quando não estiver discernindo corretamente. Ficarei atento aos sinais de trânsito de Deus ao longo do caminho e lhes obedecerei. Ouvirei a voz silenciosa de Deus que me ajuda a discernir o que é "melhor e puro e irrepreensível".

Ore acerca da promessa

Deus, ajuda-me a ver além daquilo que meus olhos naturais veem. Ajuda-me a discernir corretamente quando algo que parece correto é, na verdade, errado. Mantém-me no caminho certo. Ajuda-me a obedecer aos sinais, sem me desviar nem para a direita, nem para a esquerda.

O discernimento é o chamado de Deus para interceder, jamais para apontar culpa.

— Corrie ten Boom

DEUS ME DÁ DISCIPLINA

A Palavra de Deus

Rogo-lhes pelas misericórdias de Deus que se ofereçam em sacrifício vivo, santo e agradável a Deus; este é o culto racional de vocês.

— ROMANOS 12:1

Deus não nos deu espírito de covardia, mas de poder, de amor e
de equilíbrio.

— 2TIMÓTEO 1:7

O fim de todas as coisas está próximo. Portanto, sejam criteriosos
e sóbrios; dediquem-se à oração.

— 1PEDRO 4:7

A verdade

Deus consegue fazer sua melhor obra por meio de uma pessoa
disciplinada. Seu trabalho é impedido quando somos indisciplinados
com nosso corpo, com nossos pensamentos ou com nossas palavras.
Mas a disciplina de Deus não é rígida ou desagradável. Podemos nos
controlar facilmente quando andamos no seu Espírito, pois o Espirito
que ele nos deu é de autodisciplina.

Diga a verdade a si mesmo

"Eu sou um discípulo de Cristo. Portanto, assumo a responsabilidade de ser um seguidor disciplinado dele. Por meio do seu Espírito,
eu controlo meus desejos e minhas inclinações em prol daquilo que
Deus quer. Minha natureza humana é subjugada e obediente para
executar os planos de Deus. Uma disciplina inspirada por Deus permite que eu seja usado ao máximo por ele; portanto, aceito a disciplina como dom de Deus."

Ore acerca da promessa

Pai celestial, mostra-me o caminho para manter meu corpo, minha mente e meu espírito disciplinados. Eu dedico meu caminho a ti e peço que uses o meu ser disciplinado para alcançar tudo que pretendes comigo.

Para um cristão, a disciplina começa com o corpo. Temos apenas um. O corpo é a matéria prima que nos foi dada para o sacrifício. Não podemos entregar nossos corações a Deus e ficar com os nossos corpos para nós mesmos.

— Elisabeth Elliot

DEUS ME PROPORCIONA ENCONTROS MARAVILHOSOS

A Palavra de Deus

Então [o servo de Abraão] orou: "Senhor, Deus do meu senhor Abraão, dá-me neste dia bom êxito e seja bondoso com o meu senhor Abraão. Como vês, estou aqui ao lado desta fonte, e as jovens do povo desta cidade estão vindo para tirar água. Concede que a jovem a quem eu disser: 'Por favor, incline o seu cântaro e dê-me de beber', e ela me responder: 'Bebe; também darei água aos teus camelos', seja essa a que escolheste para teu servo Isaque. Saberei assim que foste bondoso com o meu senhor." Antes que ele terminasse de orar, surgiu Rebeca, filha de Betuel, filho de Milca, mulher de Naor, irmão de Abraão, trazendo no ombro o seu cântaro.

— GÊNESIS 24:12-15

O SENHOR firma os passos de um homem,
quando a conduta deste o agrada.

— SALMOS 37:23

SENHOR, tu és o meu Deus;
eu te exaltarei e louvarei o teu nome,
pois com grande perfeição tens feito maravilhas,
coisas há muito planejadas.

— ISAÍAS 25:1

A verdade

Deus sempre está organizando encontros maravilhosos para nós. A Bíblia está repleta deles, seja a história dramática de Isaque e Rebeca no Antigo Testamento, seja o encontro de Jesus com a mulher junto ao poço no Novo Testamento. Esses encontros ainda acontecem hoje em dia. Precisamos apenas abrir os nossos olhos e ficar atentos.

Diga a verdade a si mesmo

"Deus marcou encontros para mim desde o início dos tempos. Esses encontros divinos me ajudam a avançar em minha missão aqui na terra. No entanto, se eu não estiver atento, é possível que eu perca esses horários marcados. Diariamente, ficarei atento às maneiras como Deus quer me usar por meio de encontros que ele marca com outras pessoas. Em cada caso, eu sei que Deus me mostrará o que devo dizer e fazer."

Ore acerca da promessa

Senhor, guia meus passos todos os dias. Leva-me até a pessoa certa ou ao lugar certo em que eu tiver um encontro marcado por ti. Talvez o encontro seja para o bem da pessoa que eu encontrarei, talvez seja para meu próprio bem. Em todo caso, Senhor, guia meus passos.

Eu transformarei minha alma para crer e esperar por ele, e eu seguirei sua providência, não me anteciparei nem me atrasarei.

— Samuel Rutherford

COM A AJUDA DE DEUS, SUPERAREI
MINHAS **DÚVIDAS** E AVANÇAREI NA FÉ

A Palavra de Deus

Quando [Pedro] reparou no vento, ficou com medo e, começando a afundar, gritou: "Senhor, salva-me!" Imediatamente Jesus estendeu a mão e o segurou. E disse: "Homem de pequena fé, porque você duvidou?" Quando entraram no barco, o vento cessou.

— MATEUS 14:30-32

[Os discípulos] ficaram assustados e com medo, pensando que estavam vendo um espírito. Ele lhes disse: "Por que vocês estão perturbados e por que levantam dúvidas em seus corações? Vejam as minhas mãos e os meus pés. Sou eu mesmo! Toquem-me e vejam; um espírito não tem carne nem ossos, como vocês estão vendo que eu tenho."

— LUCAS 24:37-39

A verdade

Como no caso dos discípulos — especialmente Pedro e Tomé — as dúvidas surgem em nossa mente de vez em quando. Mas devemos aceitar essas dúvidas como amigas ou podemos expulsá-las e voltar nossos pensamentos para a verdade constante da Palavra de Deus? Sabemos que Deus quer que tenhamos fé e que a dúvida é sua inimiga. Deus, portanto, prefere que alimentemos a nossa fé (por meio de sua Palavra, da oração e da comunhão com outros) e deixemos morrer de fome as nossas dúvidas (evitando influências más ou negativas em nossa vida).

Diga a verdade a si mesmo

"Deus conhece minhas dúvidas. Mas toda vez que comecei a afundar nas ondas como Pedro, eu clamei: 'Senhor, salva-me!' E ele me salvou. Ele provou sua fidelidade muitas e muitas vezes. Então, mais uma vez, entrego a ele todas as minhas dúvidas e peço que ele me chame para caminhar na água ao seu encontro. E assim como Pedro descobriu quando voltou para o barco, eu sei que o vento se acalma. Quanto a mim, escolho acreditar que o vento acalmará enquanto ainda estiver andando na água pela fé, sem olhar para a tempestade das dúvidas, que quer me jogar nas ondas. A fé é, afinal de contas, mais forte do que a dúvida. A fé move montanhas; a dúvida as ergue."

Ore acerca da promessa

Senhor, recuso-me a ter dúvidas em relação a ti, à tua Palavra ou a meu futuro. Tudo está em tuas mãos poderosas. Mesmo quando a minha fé for apenas do tamanho de uma semente de mostarda, ela me ajudará a vencer as dúvidas se eu fizer bom uso dela e não permitir que a dúvida destrua sua raiz. Senhor, eu creio.

Eu acredito que os mais felizes e os mais fiéis dos cristãos são aqueles que nunca ousam duvidar de Deus, mas que simplesmente aceitam a sua Palavra do jeito que é e creem nela sem fazer perguntas, sentindo-se seguros pelo fato de que, se Deus o disse, certamente assim o é.

— Charles Spurgeon

DEUS ME LIBERTA DA **DEPENDÊNCIA EMOCIONAL**

A Palavra de Deus

Quem teme ao homem cai em armadilhas,
mas quem confia no Senhor está seguro.

— Provérbios 29:25

[Alguns líderes dos judeus] preferiam a aprovação dos homens do
que a aprovação de Deus.

— João 12:43

Por estarem [em Cristo], que é o Cabeça de todo poder e autoridade, vocês receberam a plenitude.

— Colossenses 2:10

A verdade

Existe uma grande diferença entre aquilo que precisamos de outras pessoas e aquilo que precisamos e que apenas Deus pode dar.
Muitas vezes, confundimos as duas coisas. Procuramos receber a afirmação de outras pessoas, quando o que realmente estamos sinalizan-
do com nossos anseios emocionais desesperados é: "Deus, preciso de
ti de forma muito mais profunda."

Em vez de dizermos essas palavras e nos voltarmos para Deus, que
está disposto e até ansioso para preencher esse vazio emocional, fazemos de tudo para agradar os outros. Tentamos dizer ou fazer aquilo
que acreditamos atrair a atenção que, na nossa opinião, preencherá
nosso vazio emocional. Mas apenas Deus pode satisfazer esse desejo.
E o momento em que nos damos conta disso é aquele em que nossas
feridas podem começar a sarar, em que nosso estresse diminui e em
que até mesmo a nossa saúde física se beneficia.

A alternativa é continuar correndo atrás do vento por aceitação e aplauso de outras pessoas. Ainda que recebamos os elogios que buscamos, isso é um substituto muito pobre para a aceitação e o aplauso de Deus — daquele que nos levou à plenitude. Nossas expectativas devem estar voltadas para ele, não para os outros, para que ele satisfaça os nossos anseios.

Diga a verdade a si mesmo

"Procuro apenas o louvor que vem de Deus, não das pessoas em minha volta. Eu não manipulo nem tento controlar a maneira como as outras pessoas pensam sobre mim. Respondo apenas a Deus. Ele satisfaz as minhas necessidades emocionais na medida em que eu as comunico a ele. Ele me consola e fornece o apoio emocional que nenhuma outra pessoa pode dar. Deus sempre me basta, mas quando ele envia mensageiros de esperança na forma de amigos e de outras pessoas, eu os aceito como presentes de Deus, jamais permitindo que eles tomem o lugar dele como provedores da aceitação que eu preciso e que somente ele pode dar."

Ore acerca da promessa

Deus Pai, eu busco minha aceitação em ti. Existem momentos em que sou tentado a encontrar alguém — quem quer que seja — para satisfazer minhas necessidades emocionais. Sei que tu usas outras pessoas para me amarem e para cuidarem de mim, mas sei também que apenas tu podes me completar. Encontro saúde emocional verdadeira apenas compreendendo que tu me aceitas plenamente. Obrigado por me amares do jeito que me amas. Tu me amas absolutamente.

A alma só encontra descanso verdadeiro quando ela abre mão de qualquer dependência em todo o resto e se vê obrigada a depender apenas do Senhor. Enquanto nossas expectativas estiverem voltadas para outras coisas, nada nos espera além da decepção.

— Hannah Whitall Smith

NÃO SOU PRISIONEIRO DAS MINHAS EMOÇÕES

A Palavra de Deus

Misericórdia, SENHOR, pois vou desfalecendo!
Cura-me, SENHOR, pois os meus ossos tremem:
Todo o meu ser estremece.
Até quando, SENHOR, até quando?
Volta-te, SENHOR, e livra-me;
salva-me por causa do teu amor leal.
[...] Estou exausto de tanto gemer.

— SALMOS 6:2-4, 6

Melhor é o homem paciente do que o guerreiro,
mais vale controlar o seu espírito do que conquistar uma cidade.

— PROVÉRBIOS 16:32

O tolo dá vazão à sua ira, mas o sábio domina-se.

— PROVÉRBIOS 29:11

A verdade

Nossa jornada cristã é facilmente abalada pela maneira como nos sentimos. Quando estamos nos sentindo bem, sentimo-nos espiritualmente em alta. Tudo está bem. Mas quando acontece algo que abala nossas emoções ou que nos irrita, precisamos ter cuidado para não permitir que esses sentimentos influenciem nossa comunhão com Deus. Podemos até achar que Deus está insatisfeito conosco quando nossas emoções estão no fundo do poço. Mas a verdade é que as nossas emoções não são um relógio preciso para a nossa condição espiritual. Se confiamos em Cristo, somos seus. Ponto final. E quando nossas emoções tentam nos convencer de que ele está decepcionado conosco e nos sentimos fracos por causa disso, não é verdade.

Nosso estado emocional não tem nenhum efeito em nossa posição diante de Deus. Nenhum. Estamos em Cristo e em Cristo permaneceremos. Não permita que suas emoções o privem de sua comunhão com Deus. Louve-o quando você estiver feliz e louve-o quando você estiver triste. Assuma o controle sobre suas emoções e não permita que elas o dirijam, e você descobrirá que suas emoções seguirão sua decisão de louvar a Deus.

Diga a verdade a si mesmo

"Minhas emoções não são um indicador confiável para a minha comunhão com Deus; portanto, não permitirei que qualquer emoção domine minha vida espiritual. Serei uma pessoa com emoções estáveis e confiáveis, que expressam como eu me sinto, mas que não determinam como eu me sinto. Minhas emoções devem seguir minha decisão de louvar a Deus; elas não serão os líderes do meu espírito."

Ore acerca da promessa

Obrigado, Pai, por minhas emoções. Como é maravilhoso que tu nos permitas expressar uma variedade de reações à vida. Mas como podem ser traiçoeiras essas emoções quando permito que elas dominem a minha vida. Deus, ajuda-me a permanecer emocionalmente estável. Lembra-me durante os tempos de tristeza que teu amor por mim permanece forte como sempre.

〜

Acredite mais no amor e no poder de Deus do que em suas próprias emoções e experiências. Sua rocha é Cristo, e não é a rocha que sobe e desce, mas a maré.

— Samuel Rutherford

DEUS ME AJUDA A TER **SUCESSO** NO TRABALHO

A Palavra de Deus

Quem trabalha a sua terra terá fartura de alimento,
mas quem vai atrás de fantasias não tem juízo.

— PROVÉRBIOS 12:11

O que as suas mãos tiverem que fazer, que o façam com toda a sua
força.

— ECLESIASTES 9:10

O que furtava não furte mais; antes trabalhe, fazendo algo de útil
com as mãos, para que tenha o que repartir com quem estiver em
necessidade.

— EFÉSIOS 4:28

A verdade

O trabalho é bom. Somos chamados para trabalhar com alguma
tarefa importante. Saber que Deus nos chamou para trabalhar para
ele é a chave para continuarmos a cumprir nossas obrigações diárias
sem, portanto, nos esgotarmos. Se tivermos um emprego, devemos
ser gratos e dar o nosso melhor. Se precisarmos de um emprego, devemos orar e procurar um que nos agrade, confiando que Deus nos
mostrará o que ele reservou para nós. Se estivermos infelizes em nosso emprego, também podemos orar para que Deus nos dê um que
amamos, pedindo-lhe que abra as portas para nós.

Diga a verdade a si mesmo

"Meu emprego é um presente de Deus. Eu serei bom naquilo que
faço. Darei ao meu empregador o melhor que tenho a dar, trabalhando

como para o Senhor. Confio que quando este emprego se findar — mais cedo ou mais tarde — Deus me levará para onde ele me quer em seguida. Não tenho medo de demissões ou do desemprego. Quando este trabalho terminar, isso acontecerá com a permissão de Deus. Ele é a minha fonte de renda, e providenciará os meios para que eu possa prosperar naquilo que faço."

Ore acerca da promessa

Deus, tu conheces meu currículo. Tu conheces os empregos que já tive e os que eu gostaria de ter. Oro para que tu me ajudes a ser feliz onde estou — e a ser grato por este emprego — ou que me leves a outro emprego melhor onde eu possa ser mais útil e mais feliz. Quando eu estiver sem emprego, sei que isso será temporário, pois tua vontade é que eu trabalhe, não que eu fique à toa. Eu te louvo, Pai, pela oportunidade de trabalhar.

Este trabalho me foi dado para que eu o fizesse. Portanto, é uma dádiva. Portanto, é um privilégio. Portanto, é um sacrifício que faço a Deus. Portanto, deve ser feito com alegria, se for feito para ele. Aqui, não em algum outro lugar, eu posso conhecer o caminho de Deus. É neste emprego, não em algum outro, que Deus deseja a minha fidelidade.

— Elisabeth Elliot

DEUS É MEU GRANDE **ENCORAJADOR**

A Palavra de Deus

Davi [...] fortaleceu-se no SENHOR, o seu Deus.

— 1SAMUEL 30:6

Que o próprio Senhor Jesus Cristo e Deus nosso Pai, que nos amou e nos deu eterna consolação e boa esperança pela graça, dê ânimo aos seus corações e os fortaleça para fazerem sempre o bem, tanto em atos como em palavras.

— 2TESSALONICENSES 2:16-17

A verdade

Uma das muitas razões pelas quais Deus nos deu a sua Palavra é para nos encorajar. Por meio das histórias dos muitos heróis e heroínas da Bíblia vemos os resultados de uma fé firme em meio a circunstâncias muitas vezes horríveis. Quando sentimos que não conseguimos continuar, podemos abrir a Bíblia e ler sobre Noé, Rute, Jó, Davi, Pedro e muitos outros. É impossível que estejamos numa situação pior do que eles. E, em todo caso, eles prevaleceram confiando em Deus em meio ao desencorajamento, e nós devemos fazer o mesmo. Quando somos "fortalecidos no Senhor" como Davi, certamente encorajaremos as pessoas a nossa volta. Quando encorajamos os outros, dizemos a eles as exatas palavras que Deus lhes diria.

Diga a verdade a si mesmo

"Como o rei Davi, eu também preciso encorajar-me frequentemente no Senhor, meu Deus. Minha situação não é mais desencorajadora do que aquilo pelo que outros tiveram que passar. Eles prevaleceram na fé e paciência, e eu farei o mesmo. Cada vida tem temporadas, e neste momento eu me encontro numa em que preciso ser lembrado de que isso não durará para sempre. Ao longo dos séculos, outros cristãos têm sido encorajados por nosso Deus — e eu também serei. Os planos que Deus tem para mim são para o bem, não para o mal, e em Deus viverei dias mais ensolarados no futuro. Esse túnel chegará ao fim em breve."

Ore acerca da promessa

Deus, preciso de alguém que me encoraje em tempos difíceis. Lembra-me, sussurrando em meu coração, que tu vês o que me espera no futuro e que tudo ficará bem. Obrigado por tua Palavra, que tanto me encoraja quando estou deprimido.

Recebemos nada além de encorajamento quando ponderamos as obras fiéis do nosso Pai ao longo dos séculos. A fé em Deus não impediu dificuldades ou provações, mas capacitou as pessoas a suportar as tribulações de forma corajosa e a sair vencedoras.

— Lee Roberson

MEUS **INIMIGOS** NÃO PODEM ME ARRUINAR

A Palavra de Deus

Conduze-me, Senhor, na tua justiça, por causa dos meus
    inimigos;
aplaina o teu caminho diante de mim.

— Salmos 5:8

Clamo ao Senhor, que é digno de louvor,
e estou salvo dos meus inimigos.

— Salmos 18:3

Amem [...] os seus inimigos, façam-lhes o bem e emprestem a
eles, sem esperar receber nada de volta. Então, a recompensa que
terão será grande e vocês serão filhos do Altíssimo, porque ele é
bondoso para com os ingratos e maus.

— Lucas 6:35

A verdade

Nossos inimigos não são realmente nossos inimigos. Temos apenas um inimigo, e ele foi derrotado na cruz. Os de carne e osso que enfrentamos aqui na terra são homens e mulheres — alienados de Deus e desesperados por alguém que os resgate, assim como nós também éramos. Se Deus está sendo bondoso com eles dando-lhes vida e oferecendo-lhes arrependimento, não vale a pena nós também sermos, para que possamos ser chamados de filhos do Altíssimo?

Diga a verdade a si mesmo

"Eu não odeio os meus inimigos. Pela fé, eu os amo e oro por eles. Quando dizem ou fazem coisas que me machucam, sei que estão agindo segundo a natureza caída deles — assim como eu costumava agir. Eu decido fazer o bem para os meus inimigos, para que eles vejam como Deus os vê a despeito da rebelião contra ele. Amor e oração manifestados em boas obras e em gentileza desarmarão até os mais ferozes dos meus inimigos."

Ore acerca da promessa

Senhor, tu sabes quem são os meus inimigos. Foram eles que me escolheram; eu não os escolhi. Eu faria amizade com eles caso abrissem-se para isso, mas parece que seus corações estão contra mim. Oro por eles, Senhor, individualmente. Alcança-os; por meu intermédio, se quiseres. Enquanto isso, deixa-me ser a tua luz na presença dos meus inimigos. Dá-me paciência e gentileza, enquanto me desvio das flechas que atiram contra mim.

Seu eu pudesse ouvir Cristo orando por mim no quarto ao lado, eu não temeria um milhão de inimigos. No entanto, a distância não importa. Ele está orando por mim.

— Robert Murray McCheyne

DEUS É MINHA FONTE DE **FORÇA**

A Palavra de Deus

Ele fortalece o cansado e dá grande vigor ao que está sem forças.
Até os jovens se cansam e ficam exaustos,
e os moços tropeçam e caem;
mas aqueles que esperam no Senhor renovam as suas forças.
Voam bem alto como águias; correm e não ficam exaustos,
andam e não se cansam.

— Isaías 40:29-31

Nós proclamamos [Cristo], advertindo e ensinando a cada um com toda a sabedoria, a fim de que apresentemos todo homem perfeito em Cristo. Para isso eu me esforço, lutando conforme a sua força, que atua poderosamente em mim.

— Colossenses 1:28-29

A verdade

Somos pessoas ocupadas. Em meio a toda essa correria, é fácil nos esgotarmos e perdermos toda a nossa energia emocional e física. Mas Deus reservou um depósito de energia para nós, o qual nunca falta. Nós nos alimentamos dessa energia quando vivemos no poder do Santo Espírito. Que reservas inesgotáveis! Que elas nos fortaleçam mesmo quando nossas forças físicas se forem.

Diga a verdade a si mesmo

"Eu me canso. Estou sem energia. E às vezes, quando isso acontece, Deus me chama para diminuir minhas atividades e descansar. Outras vezes, quando o descanso não é possível, Deus me dá forças sobrenaturais para sobreviver ao dia, à semana, ao mês, ao ano. Seu

Santo Espírito me anima bem além das minhas próprias forças físicas. Ele me faz voar como uma águia, correr sem ficar exausto, andar sem me cansar."

Ore acerca da promessa

Pai celestial, às vezes, estou tão ocupado que me esqueço de descansar. Tu conheces minhas necessidades físicas. Às vezes realmente preciso apenas dar um passo para trás e tirar alguns dias de folga. Ajuda-me a reconhecer esses momentos. E quando o descanso não é uma opção viável, dependo de ti para me sustentares bem além daquilo que meu corpo cansado conseguiria. Dá-me a energia de que eu necessito, Senhor!

Avance. Não pare, não perca tempo em sua jornada, mas avance em direção à linha de chegada à sua frente.

— George Whitefield

EU TENHO A DÁDIVA DA **VIDA ETERNA**

A Palavra de Deus

"Quem crê no Filho tem a vida eterna; já quem rejeita o Filho não verá a vida, mas a ira de Deus permanece sobre ele."

— João 3:36

"Eu lhes asseguro: Quem ouve a minha palavra e crê naquele que me enviou, tem a vida eterna e não será condenado, mas já passou da morte para a vida."

— João 5:24

Para mim o viver é Cristo e o morrer é lucro. Caso continue vivendo no corpo, terei fruto do meu trabalho. E já não sei o que escolher!

— Filipenses 1:21-22

E esta é a promessa que ele nos fez: a vida eterna.

— 1João 2:25

A verdade

A dádiva da vida eterna é o presente que jamais morre. É, afinal de contas, *eterno*. O fato de nós, que cremos em Cristo, possuirmos esse presente é o maior milagre de todos. Nada pode nos matar. Quando deixarmos este corpo, continuaremos a existir na presença de Deus. Não surpreende, portanto, que Paulo não sabia se preferia permanecer na terra para beneficiar os cristãos em Filipos ou ir para o céu, seu lar. Ele sabia que possuía a vida eterna, e ele sabia que o céu era algo pelo qual ele ansiava, não algo ao qual ele resistia.

Diga a verdade a si mesmo

"É isto que Deus me prometeu: vida eterna. Jamais morrerei. *Jamais*. Continuarei a viver por toda a eternidade, por causa dessa dádiva preciosa que Deus me deu — e que agora eu possuo — antes mesmo de deixar este planeta. O que então poderia me desencorajar ou me levar ao desespero neste curto período aqui na terra? Nada! Pois minha vida verdadeira, minha vida eterna, não será neste corpo que envelhece e enfraquece. Eu continuarei a viver na presença daquele que mais me ama — num corpo novo e perfeito. Que dia maravilhoso será aquele!"

Ore acerca da promessa

Senhor, o maior presente de todos é a vida eterna. Louvado sejas, Pai, por teres me dado esse presente. Obrigado pelo fato de eu nunca morrer e de eu viver contigo por toda a eternidade. É um presente verdadeiramente incomparável, e seu preço foi pago por Cristo na cruz! Serei grato para sempre.

Se você nasceu de novo, a vida eterna é a qualidade de vida que você já possui agora.

— Ian Thomas

DEUS ME USA PARA ALCANÇAR OS PERDIDOS

A Palavra de Deus

"Vão pelo mundo todo e preguem o evangelho a todas as pessoas. Quem crer e for batizado será salvo, mas quem não crer será condenado."

— MARCOS 16:15-16

E como pregarão, se não forem enviados? Como está escrito: "Como são belos os pés dos que anunciam boas novas!"

— ROMANOS 10:15

Seja sóbrio em tudo, suporte os sofrimentos, faça a obra de um evangelista, cumpra plenamente o seu ministério.

— 2TIMÓTEO 4:5

A verdade

A evangelização pode ser descrita como uma pessoa que estava com fome e encontrou pão e agora vai contar às outras pessoas famintas sobre este Homem que oferece pão de graça — o quanto elas quiserem. Os verdadeiramente famintos reagirão da mesma forma como nós reagimos ao ouvir a oferta gratuita de pão.

Diga a verdade a si mesmo

"Não preciso ter medo de contar aos outros sobre Cristo. Evangelizar pode ser muito natural para mim se eu contar simplesmente o que aconteceu comigo. Não estou tentando transformar alguém em uma pessoa 'religiosa'. Estou à procura de pessoas que estão com fome para que eu possa lhes contar sobre o Pão da Vida que satisfaz nossa fome mais profunda. Deus dirige essas pessoas até onde eu estou. Fico atento a maneiras simples de compartilhar informações sobre este Homem que dá pão de graça. Minha oração é que eu seja usado por Deus como alguém que compartilha as Boas-novas. Esta é uma oração que Deus responde com alegria, e ficarei atento àqueles que Deus colocar na minha vida hoje."

Ore acerca da promessa

Senhor, tu deste a esta pessoa faminta pão para comer — Pão da Vida! Ajuda-me a ser sábio ao propagar tuas Boas-novas. Não quero fazer barulho ou dizer a coisa errada e irritar as pessoas. Porém, mais do que isso, quero que outros conheçam Cristo. Dá-me as palavras certas, Senhor! Dá-me a paixão para ficar atento àqueles que cruzam meu caminho. Ajuda-me a reconhecer as oportunidades que tu providencias. Senhor, serei um trabalhador na tua colheita.

A natureza nos ensina que cada cristão deve ser um conquistador de almas. É uma parte essencial da nova natureza. Vemos isso em cada criança que adora falar de sua felicidade e compartilhar sua alegria com outros.

— Andrew Murray

DEUS É MAIS FORTE QUE O **MAL** QUE ME AMEAÇA

A Palavra de Deus

Mesmo quando eu andar por um vale de trevas e morte,
não temerei perigo algum, pois tu estás comigo;
a tua vara e o teu cajado me protegem.

— SALMOS 23:4

"Livra-nos do mal."

— MATEUS 6:13

Odeiem o que é mau; apeguem-se ao que é bom.

— ROMANOS 12:9

Afastem-se de toda forma de mal.

— 1TESSALONICENSES 5:22

A verdade

O mal não foi a intenção original de Deus. Quando ele criou a terra e a humanidade, olhou para elas e viu que tudo era "bom"; mas o pecado entrou no mundo, e então o mal se arraigou. Desde então, nenhum ser humano tem andado sobre a face da terra sem que sua vida seja afetada de alguma forma pelo mal — alguns sofreram tanto que se retraíram e ficaram com medo. Mas para um cristão, mesmo que o mal exista e afete nossas vidas, não poderá causar danos duradouros. Aquele que está em nós é maior que aquele que está no mundo.

Diga a verdade a si mesmo

"Apesar de viver em meio ao mal, não faço parte de seu domínio. Eu sou cidadão de um Reino que não o conhece. Quando o mal tenta invadir minha vida, eu o rejeito imediatamente. Tampouco permitirei que influencie o meu lar. Levanto-me contra o mal na sociedade porque eu sei o quanto ele ilude as pessoas que acreditam que é inofensivo — muitas vezes causando assim sua própria destruição. Eu sei que o mal é poderoso, mas não tão poderoso quanto Cristo em mim. Oro por aqueles que foram afetados e feitos prisioneiros pelo mal, para que sejam resgatados, arrebatados até, de suas forças que os mantém reféns. Na minha vida, o bem triunfará sobre o mal."

Ore acerca da promessa

Senhor, tu me ensinaste a orar para ser livre do mal, e esta é a minha oração. Eu desprezo o mal que se infiltra nas vidas das pessoas que eu conheço e amo. Ele tenta invadir também a minha vida. Oro com fé contra essas influências e invoco, em vez disso, a bondade e a presença de Cristo para vencer o mal. Senhor, que tu sejas elevado em triunfo sobre as forças do mal.

⤙

Se você estiver sob o poder do mal e quiser ficar sob o poder de Deus, clame a ele para que o ajude, clame para que ele o abrace. Ele o ouvirá; ele virá até você e, se necessário, enviará uma legião de anjos para ajudá-lo a abrir o seu caminho para o céu. Deus segurará sua mão direita e o guiará pelo deserto, atravessará com você a morte e o levará diretamente para o céu.

— D. L. Moody

PROCURO FAZER SEMPRE O MELHOR PARA O SENHOR

A Palavra de Deus

Tudo o que for verdadeiro, tudo o que for nobre, tudo o que for correto, tudo o que for puro, tudo o que for amável, tudo o que for de boa fama, se houver algo de excelente ou digno de louvor, pensem nessas coisas.

— FILIPENSES 4:8

Tudo o que fizerem, façam de todo o coração, como para o Senhor, e não para os homens, sabendo que receberão do Senhor a recompensa da herança. É a Cristo, o Senhor, que vocês estão servindo.

— COLOSSENSES 3:23-24

A verdade

Quando Deus criou a terra, ele disse que ela era "muito boa". Mas sabemos que ela era mais do que apenas muito boa — era excelente. Nós, feitos à sua imagem, também somos chamados a sermos excelentes em tudo que fazemos. Como, então, podemos medir esforços em seu serviço? Como podemos dar menos do que o nosso melhor em tudo que fazemos? Não podemos. A excelência é o distintivo do cristão.

Diga a verdade a si mesmo

"Fui criado para a excelência, não para a mediocridade. Tudo que faço é uma extensão de quem eu sou. Faço o melhor para a minha família, meu chefe, aqueles a quem eu sirvo e para o meu Deus. Tudo abaixo do melhor não é bom o suficiente. Eu busco a excelência com paixão, da mesma forma como Deus faz tudo com excelência. Eu treino minha mente para que ela tenha pensamentos positivos de excelência, não pensamentos negativos de suficiência. O fruto de uma vida bem vivida é a excelência que permanece quando a vida chega ao fim."

Ore acerca da promessa

Senhor, todas as tuas obras são excelentes! Que o mesmo seja dito sobre o meu trabalho.

O segredo para se viver uma vida de excelência é meramente uma questão de manter pensamentos de excelência. É verdade, é uma questão de programar nossas mentes com o tipo de informação que nos libertará.

— Chuck Swindoll

NÃO EXPOREI MEUS **OLHOS** A NENHUMA INIQUIDADE

A Palavra de Deus

Repudiarei todo mal.

— SALMOS 101:3

Meu filho, dê-me o seu coração;
mantenha os seus olhos em meus caminhos.

— PROVÉRBIOS 23:26

"Os olhos são a candeia do corpo. Quando os seus olhos forem bons, igualmente todo o seu corpo estará cheio de luz. Mas quando forem maus, igualmente o seu corpo estará cheio de trevas."

— LUCAS 11:34

A verdade

Nossos olhos são a entrada para os nossos cérebros. O que vemos nos afeta muito. Não surpreende, portanto, que Jesus tenha dito que, se nossos olhos nos ofenderem, devemos "arrancá-los". Podemos e devemos ser cuidadosos em relação ao que vemos. Olhos desatentos têm sido a causa para a queda de muitos cristãos.

Diga a verdade a si mesmo

"Meus olhos são as lanternas do meu corpo. O que eu absorvo por meio deles será digerido pelo meu ser interior. Cada imagem é projetada sobre a tela da minha mente. Por isso, os protejo do mal. Como Davi, *repudiarei todo mal*."

Ore acerca da promessa

Senhor, não exporei meus olhos a nenhuma iniquidade. Às vezes, isso é difícil, Pai, pois imagens inapropriadas são abundantes neste meu mundo. Coloca, então, uma proteção diante dos meus olhos, Senhor. Não permitas que eles se desviem, mas faça com que meu olhar ignore as imagens que retratam o pecado como uma coisa boa. Dá-me olhos para ver como tu vês, Senhor — olhos puros.

Cuidado olhinho o que vê
Cuidado olhinho o que vê
O Salvador do céu está olhando pra você
Cuidado olhinho o que vê.

— Cântico infantil de escola dominical

MEUS **FRACASSOS** PODEM SE TRANSFORMAR EM PASSOS PARA O MEU SUCESSO

A Palavra de Deus

Cria em mim um coração puro, ó Deus,
e renova dentro de mim um espírito estável.
Não me expulses da tua presença,
nem tires de mim o teu Santo Espírito.
Devolve-me a alegria da tua salvação
e sustenta-me com um espírito pronto a obedecer.

— SALMOS 51:10-12

Irmãos, não penso que eu mesmo já o tenha alcançado, mas uma coisa faço: esquecendo-me das coisas que ficaram para trás e avançando para as que estão adiante, prossigo para o alvo, a fim de ganhar o prêmio do chamado celestial de Deus em Cristo Jesus.

— FILIPENSES 3:13-14

A verdade

Deus não mantém uma lista com nossos sucessos e fracassos. Isso não o deixa feliz? Às vezes, nossos supostos fracassos são apenas expectativas frustradas que merecem a boa lição de nos mostrar nossas incapacidades. Pedro sabia disso. Mesmo depois de haver negado Cristo três vezes, outras três vezes Jesus o instruiu, restaurando-o: "Alimente minhas ovelhas." O apóstolo Paulo sabia que seu próprio passado não valia nada e que era melhor esquecê-lo avançando em direção àquilo que Deus havia preparado para ele.

A verdade é que podemos nunca descobrir o que nos espera no futuro se continuarmos revivendo o passado. Em vez disso, o deixemos — não importa quantos fracassos tivemos — permanecer no passado.

Olhe para cima. Olhe para frente. Deus está no seu futuro, portanto, regozije-se ! E repito: Regozije-se!

Diga a verdade a si mesmo

"Não consigo contar quantas vezes eu fracassei. Mas e daí? Deus não conta meus fracassos, portanto, eu também não devo fazê-lo. Fracassos só têm a ver com o passado, e Deus esqueceu os pecados, os erros e os fracassos do meu passado. Meus olhos estão voltados para o futuro e para os sucessos que Deus me trará. O fracasso não tem espaço no meu presente nem no meu futuro."

Ore acerca da promessa

Sei como fracassei terrivelmente, Senhor. No entanto, tu jamais tocas no assunto. Sei que fazes isso porque esqueceste os pecados e fracassos do meu passado. Ajuda-me, Senhor, a também esquecê-los para sempre. Ajuda-me a reconhecer que meu passado passou e está morto, para que eu possa me concentrar no meu futuro.

Não gaste seu tempo e sua fé (...) lamentando os fracassos de ontem e do passado distante. Entregue-os a Deus e olhe para o alto e para a frente.

— Samuel Logan Brengle

EU VIVO PELA FÉ, NÃO PELO QUE VEJO

A Palavra de Deus

Escolhi o caminho da fidelidade.

— SALMOS 119:30

Vivemos por fé, e não pelo que vemos.

— 2CORÍNTIOS 5:7

Esta é a vitória que vence o mundo: a nossa fé.

— 1JOÃO 5:4

A verdade

Ter fé é fácil. É tão fácil que até mesmo uma criança pode ter o tipo de fé que Deus recompensa. Mas nós adultos a complicamos. Vamos simplesmente acreditar em tudo o que Deus diz sobre ele e sobre nós. Essa fé simples transforma tudo.

Diga a verdade a si mesmo

"Eu sou filho de Deus pela fé. Eu supero o mundo por meio da minha fé. Eu venço dúvidas, pecados, preocupações e qualquer provação por meio da fé como de uma criança. Eu alimento minha fé conhecendo a Palavra de Deus e aplicando-a a minha vida. A fé é uma tocha ardente com a qual caminho corajosamente para o futuro que Deus tem para mim."

Ore acerca da promessa

Pai, caminho pela fé, não por aquilo que vejo. Confio em ti porque tu provaste tua fidelidade para comigo. Tu fazes milagres em minha vida e me levas a lugares que jamais sonhei. O impossível para mim é possível para ti. Aumenta minha fé ainda mais, Senhor.

A fé não opera no âmbito do possível. Não há glória para Deus naquilo que o homem pode fazer. A fé começa onde termina o poder do homem.

— George Mueller

DEUS SE IMPORTA COM A MINHA FAMÍLIA

A Palavra de Deus

"Derramarei água na terra sedenta, e torrentes na terra seca;
derramarei meu Espírito sobre sua prole,
e minha bênção sobre seus descendentes."

— Isaías 44:3

"Ele lhe trará uma mensagem por meio da qual serão salvos você
e todos os da sua casa."

— Atos 11:14

"Creia no Senhor Jesus, e serão salvos, você e os de sua casa."

— Atos 16:31

A verdade

Às vezes, quando progredimos espiritualmente, olhamos para
trás e vemos que nossa família não está nos acompanhando. Estão
presas há anos no mesmo lugar, ou, pior ainda, parecem estar indo
na direção errada. Quando experimentamos Cristo de modo pessoal, queremos naturalmente que as nossas famílias encontrem o que
nós encontramos. E na Bíblia vemos repetidas vezes, tanto no Antigo quanto no Novo Testamento, que casas inteiras seguiram a Deus.

Milagres como a "salvação do lar" precisam ser obra de Deus,
pois não importa o quanto contamos à nossa família sobre Cristo,
muitas vezes são estas as pessoas que mais resistem. Mas isso não
é motivo para desistir. Precisamos continuar a orar por nossos lares
e a crer.

Diga a verdade a si mesmo

"Oro em fé para que minha família ame e sirva a Deus, e para tanto eu viverei uma vida que honre a Deus diante dela. Eu acredito que minha família será salva. Deus ouviu minhas orações e fará o que for preciso para trazê-los para si. Em toda a Bíblia, Deus foi fiel e salvou casas inteiras. A família de Noé foi salva; a de Raabe também. Entre os hebreus, cada família foi salva pelo sacrifício do cordeiro da Páscoa; a casa de Zaqueu foi salva e também as casas de Cornélio, Lídia, do guarda filipense, a de Crispo, Estevão e de outros. Portanto, creio que Deus também salvará a minha casa."

Ore acerca da promessa

Deus, vejo em tua Palavra como salvaste famílias inteiras. Estou reivindicando agora a minha casa e peço que tu tragas a salvação para todos os meus familiares. Abre, ó Deus, os corações que eu não consigo alcançar. Ajuda-me a viver a tua verdade e o teu amor na frente deles. Sim, milagres, Senhor. É disso que a minha família necessita. Salva minha família, Senhor; é isto que peço em oração.

Um homem deve viver de forma que todos saibam que ele é um cristão (...). Sobretudo, sua família deve saber.

— D. L. Moody

EU TENHO O **FAVOR** DE DEUS

A Palavra de Deus

E o menino Samuel continuava a crescer, sendo cada vez mais estimado pelo Senhor e pelo povo.

— 1SAMUEL 2:26

Tu, SENHOR, abençoas o justo;
o teu favor o protege como um escudo.

— SALMOS 5:12

Esteja sobre nós a bondade do nosso Deus Soberano.
Consolida, para nós, a obra de nossas mãos;
consolida a obra de nossas mãos!

— SALMOS 90:17

Ele nos concede graça maior. Por isso diz a Escritura: "Deus se opõe aos orgulhosos, mas concede graça aos humildes."

— TIAGO 4:6

A verdade

A Bíblia está repleta de histórias do favor de Deus para seu povo — e também de promessas de favor para nós. Sim, Deus continua a ser favorável aos seus filhos.

Diga a verdade a si mesmo

"Deu me é favorável. Isso não é algo que eu possa negociar ou comprar de Deus. É um de seus presentes para os seus filhos. O favor me precede quando entro em negociações. O favor encontra um caminho para que eu prevaleça diante dos meus inimigos. O favor me avança rapidamente no caminho que Deus tem para mim. No entanto, o favor é silencioso. Não faz barulho nem se gaba de sua presença. Diariamente, caminho no conhecimento do favor de Deus que me precede em tudo que faço."

Ore acerca da promessa

Pai das luzes, obrigado pelo grande favor que me tens dado — o teu favor e o de outras pessoas. Que eu possa continuar a cercar-me dele como um escudo. Oro, como orou também teu servo Moisés, para que a tua bondade repouse sobre mim. Que eu honre e louve a ti em minha existência. Realiza a tua vontade em meu viver.

Se você encontrar muito favor e muita paz diante de Deus e dos homens, seja muito humilde aos seus próprios olhos.

— Robert Leighton

NÃO TENHO MOTIVOS PARA **TEMER**

A Palavra de Deus

O Senhor é o meu forte refúgio; de quem terei medo?

— Salmos 27:1

"Não tema, pois estou com você; não tenha medo, pois sou o seu Deus. Eu o fortalecerei e o ajudarei; Eu o segurarei com a minha mão direita vitoriosa."

— Isaías 41:10

"Até os cabelos da cabeça de vocês estão todos contados. Não tenham medo; vocês valem mais do que muitos pardais!"

— Lucas 12:7

A verdade

Talvez você ficasse surpreso ao descobrir que a ordem mais importante de Jesus tenha sido: "Não tema!" Não só Jesus, mas em toda a Bíblia Deus nos instrui a "não temer". E por que não devemos temer qualquer coisa? Porque ele sempre está conosco para nos fortalecer, para nos encorajar em meio às dificuldades e para nos ajudar e proteger. Seu amor tem um poder muito maior do que qualquer objeto do nosso medo. Somos de grande valor para Deus. Não precisamos nunca ter medo. Nunca.

Diga a verdade a si mesmo

"Eu não serei dominado pelo medo. Eu resisto com ousadia àquilo que tenta me amedrontar e não lhe dou poder nenhum sobre minhas emoções. O próprio Senhor é meu protetor; não preciso de outro. Ele me faz não temer enquanto me fortaleço nele sem cessar. Para o olho natural pode existir razões para eu ter medo, mas eu não confio em meus olhos naturais. Eu vejo pelos olhos da fé, que estão voltados para Jesus. Ele me capacita a matar os gigantes que me atacam. Em Cristo, resisto, sou imóvel, imune ao medo que tenta me destruir."

Ore acerca da promessa

Senhor, regozijo-me na vitória sobre meus medos! Eu te louvo pela ousadia e coragem que posso ter ante ao medo. Fortaleço-me sabendo que tu me proteges de todo perigo. Não importa que tática Satanás use, não temo nenhum mal, porque estás ao meu lado.

Apenas aquele que pode dizer: "O Senhor é a força da minha vida", pode dizer também: "Quem eu temerei?"

— Alexander Maclaren

O TEMOR DO SENHOR É O PRINCÍPIO DA SABEDORIA

A Palavra de Deus

O temor do SENHOR é o princípio da sabedoria,
e o conhecimento do Santo é entendimento.

— PROVÉRBIOS 9:10

Ele será o firme fundamento nos tempos a que você pertence,
uma grande riqueza de salvação, sabedoria e conhecimento;
o temor do SENHOR é a chave desse tesouro.

— ISAÍAS 33:6

Tratem a todos com o devido respeito: amem os irmãos, temam a
Deus e honrem o rei.

— 1PEDRO 2:17

A verdade

Às vezes ficamos tão maravilhados com o amor de Deus que nos esquecemos que Deus possui também uma santidade que precisa ser temida. Nada mudou desde que Isaías escreveu que o temor de Deus é a chave para o rico depósito da salvação, da sabedoria e do conhecimento. Sim, é bom e certo temer Deus.

Diga a verdade a si mesmo

"O temor do Senhor é puro e eterno. O temor de Deus é o início da minha sabedoria. Eu vivo diariamente no temor maravilhoso e purificador do Senhor. Reconheço em Deus uma majestade que me leva a temê-lo de forma saudável, que causa as transformações necessárias em minha vida. Conhecer o temor de Deus é conhecer em pequena medida minha necessidade de santidade. Eu me alegro no temor do meu grande Deus. Ele me liberta de todos os outros medos."

Ore acerca da promessa

Pai, prostro-me em louvor à tua grandeza. Sim, eu temo a ti, mas este temor é puro e eterno. Tu és mui digno de ser louvado — e mui digno de ser temido.

A coisa notável em relação a Deus é que quando você o teme, você não teme mais nenhuma outra coisa, mas se você não temê-lo, você teme todas as outras coisas.

— Oswald Chambers

SOU RESPONSÁVEL COM MINHA **ALIMENTAÇÃO**

A Palavra de Deus

Todos eles esperam em ti
para que lhes dês o alimento no tempo certo.

— SALMOS 104:27

Deu alimento aos que o temiam,
pois sempre se lembra de sua aliança.

— SALMOS 111:5

"Dá-nos hoje o nosso pão de cada dia."

— MATEUS 6:11

"Eu lhes digo: não se preocupem com suas próprias vidas, quanto ao que comer ou beber; nem com seus próprios corpos, quanto ao que vestir. Não é a vida mais importante do que a comida, e o corpo mais importante do que a roupa?"

— MATEUS 6:25

A verdade

A comida, como tantas outras coisas também, pode se transformar em vício. Ou comemos demais ou passamos fome — ambas as coisas podem ser um distúrbio alimentar. Muitas vezes, isso ocorre por causa da forma como nós nos vemos — quase sempre de forma errada. Vemos nossos corpos como imperfeitos e queremos mudá-lo. Outra causa pode ser nossa tentativa de remediar nossa dor com comida.

A resposta para a nossa autoimagem negativa e para a nossa dor não pode ser encontrada no consumo de comida. A resposta é adquirir a percepção correta em relação a nós mesmos, inclusive nossos corpos. Quando nos aceitamos como pessoas amadas por Deus, aceitamos também muitas das coisas que são, de fato, imperfeitas. Podemos superar nossa dor confiando nas promessas divinas, e não usando a comida para nos automedicar.

Abandone sua busca pelo corpo perfeito. Abandone sua dor aceitando a cura divina. Então, coma com gratidão àquilo que Deus lhe providencia. Alegre-se com sua provisão diária, mas não coma demais nem de menos.

Diga a verdade a si mesmo

"Eu aceito o corpo que Deus me deu. Eu cuidarei bem do meu corpo para assim honrar a Deus com minha saúde e amá-lo com todas as minhas forças, não porque eu pretendo corresponder às exigências que a sociedade faz à minha aparência. A comida não é um ídolo para mim; ela serve para alimentar as funções do meu corpo. Não cederei aos desejos alimentares que não são benéficos para mim. Como o que Deus me dá. Não comerei demais nem de menos, antes dedicarei meu corpo e meu peso a Deus, comendo corretamente e fazendo exercícios diariamente. Deus será glorificado em meu corpo."

Ore acerca da promessa

Pai, tu és o provedor de todas as coisas. Com gratidão recebo os alimentos que tu providencias. Sou grato também pelo corpo saudável que me deste. Não o alimentarei demais nem de menos. Senhor, sê glorificado em meu corpo.

~

Muitos cristãos não sabem como glorificar a Deus por meio de sua comida e bebida. Eles não comem e bebem simplesmente para manter seus corpos saudáveis para o serviço do Senhor, mas para satisfazer seus desejos pessoais. Precisamos entender que o corpo é do Senhor, não nosso. Portanto, não devemos usá-lo para o nosso prazer. A comida não deve impedir nossa comunhão com Deus, pois deve ser usada apenas para preservar a saúde do corpo.

— Watchman Nee

EU **PERDOO** AQUELES QUE FIZERAM ALGO CONTRA MIM

A Palavra de Deus

"'Perdoa as nossas dívidas, assim como perdoamos aos nossos devedores. E não nos deixes cair em tentação, mas livra-nos do mal.' Pois se perdoarem as ofensas uns dos outros, o Pai celestial também lhes perdoará. Mas se não perdoarem uns aos outros, o Pai celestial não lhes perdoará as ofensas."

— MATEUS 6:12-15

"Se o seu irmão pecar, repreenda-o e, se ele se arrepender, perdoe-lhe. Se pecar contra você sete vezes no dia, e sete vezes voltar a você e disser: 'Estou arrependido', perdoe-lhe."

— LUCAS 17:3-4

Suportem-se uns aos outros e perdoem as queixas que tiverem uns contra os outros. Perdoem como o Senhor lhes perdoou.

— COLOSSENSES 3:13

A verdade

A vida cristã gira em torno do perdão completo. Deus nos perdoou tanto, por isso somos capacitados a perdoar os pecados que outros cometeram contra nós. Mesmo que, muitas vezes, isso seja algo difícil de fazer, torna-se muito mais fácil quando compreendemos a magnitude dos nossos próprios pecados e o imenso perdão gracioso que Deus nos ofereceu. É também mais fácil quando pensamos nos danos que causamos à nossa própria alma se não perdoarmos.

Diga a verdade a si mesmo

"Visto que eu fui perdoado, eu também perdoarei. Eu liberto aqueles que pecaram contra mim de qualquer culpa ou amargura que nutri contra eles. Estou libertando essas pessoas, estou libertando a mim mesmo. Pela fé, o perdão se tornou meu estilo de vida. Ninguém pode me ofender ao ponto de não receber meu perdão. Tudo está perdoado. Deus me perdoou, e eu perdoo aqueles que me ofenderam.

Ore acerca da promessa

Por causa do teu perdão, Senhor, não tenho tanta dificuldade de perdoar aqueles que pecaram contra mim. Em teu nome, Pai, eu liberto agora cada pessoa contra a qual venho alimentando amargura e rancor. Peço agora que tu abençoes suas vidas. Que elas e eu possamos deixar os pecados no passado.

Ser cristão significa perdoar o imperdoável, pois Deus perdoou o imperdoável em você.

— C. S. Lewis

DEUS PREPAROU UM **FUTURO** FELIZ PARA MIM

A Palavra de Deus

Considere o íntegro, observe o justo;
há futuro para o homem de paz.

— SALMOS 37:37

Certamente haverá bom futuro para você,
e a sua esperança não falhará.

— PROVÉRBIOS 23:18

"Sou eu que conheço os planos que tenho para vocês", diz o SE-
NHOR, "planos de fazê-los prosperar e não de lhes causar dano,
planos de dar-lhes esperança e um futuro."

— JEREMIAS 29:11

A verdade

Muitas vezes somos vítimas das preocupações em relação ao futuro. Pensamos: "E se isso ou aquilo acontecer? E se eu ficar doente, ou
perder a esposa, o emprego, um filho, o dinheiro ou outras coisas?"
Não há fim para as coisas com as quais podemos nos preocupar em
relação ao futuro. Mas existe uma solução para essa preocupação.
Por meio de um ato de fé, podemos entregar todo o nosso futuro nas
mãos de Deus. Um futuro entregue nas mãos de Deus nos permite
caminhar confiantes em direção aos anos vindouros. Afinal de contas,
Deus quer trazer bênção, não maldição para o nosso futuro. Confie a
ele o seu futuro e se liberte dos "ses" da vida.

Diga a verdade a si mesmo

"Um bom futuro me espera porque eu o entreguei a Deus. Ele dirige os meus passos. Ele abre portas futuras e fecha portas passadas. Deus trará grandes bênçãos para a minha vida; portanto, não preciso me preocupar com aquilo que pode acontecer. Eu silencio imediatamente as vozes negativas que tentam me convencer de que eu não tenho futuro. Em vez disso, oro com fé e caminho ansioso em direção ao futuro que Deus já conhece. A cada manhã, abro o meu presente que é o meu futuro."

Ore acerca da promessa

Que futuro abençoado tu tens para mim, Pai! Eu acredito nisso porque sei que tu me amas e me pediste para confiar a ti todas as coisas, até mesmo aquelas que eu não consigo ver com meus olhos naturais, mas que são claramente visíveis aos olhos da fé. Senhor, em cada um dos meus dias futuros já se evidencia a marca da tua mão; portanto, não preciso me preocupar com aquilo que o futuro trará.

Deus está na frente. Ele está nos amanhãs. É o amanhã que apavora os homens. Deus já está lá. Todos os amanhãs da nossa vida precisam passar primeiro por ele antes de chegarem a nós.

— F. B. Meyer

EM RESPOSTA À **GENEROSIDADE** DE DEUS, SEREI GENEROSO

A Palavra de Deus

Dê-lhe generosamente, e sem relutância no coração; pois, por isso, o SENHOR, o seu Deus, o abençoará em todo o seu trabalho e em tudo o que você fizer.

— DEUTERONÔMIO 15:10

Feliz é o homem que empresta com generosidade
e que com honestidade conduz os seus negócios.

— SALMOS 112:5

O generoso prosperará;
quem dá alívio aos outros, alívio receberá.

— PROVÉRBIOS 11:25

[Lembre-se das] palavras do próprio Senhor Jesus, que disse: "Há maior felicidade em dar do que em receber."

— ATOS 20:35

Pratiquem o bem, sejam ricos em boas obras, generosos e prontos para repartir.

— 1TIMÓTEO 6:18

A verdade

Se quiser ser abençoado "em tudo o que você fizer", tenha um espírito generoso. *Dê.* Não por compulsão, mas por causa da grandeza do seu coração. Deus nos deu um exemplo sendo um Pai generoso para nós. Não devemos apenas ofertar algo sem relutância, devemos oferecer o nosso melhor, os nossos "primeiros frutos". Acostume-se a ofertar à obra de Deus a primeira parte de sua renda; não espere para ver se algo sobra no fim do mês. Coloque Deus e os outros em primeiro lugar e seja abençoado. Dar é uma benção maior do que receber.

Diga a verdade a si mesmo

"Minha renda depende de Deus, não do meu emprego, do governo ou das minhas economias, portanto, posso ser uma pessoa generosa. Deus fez de mim o administrador de tudo que passa pelas minhas mãos. Eu não me agarro à minha carteira quando se trata de doar às pessoas e às causas que Deus me indica. Não sou irracional com meu dinheiro, mas prudente, de forma que aquilo que dou renda mais e realize a obra que Deus deseja.

Ore acerca da promessa

Obrigado, Deus, por me tratares com tanta generosidade. Assim como tu me dás, eu dou aos outros, com alegria e sem arrependimentos. Por causa de teu exemplo, sou generoso em coisas pequenas, como, por exemplo, ao dar gorjetas, e generoso em coisas grandes, como, por exemplo, ao contribuir para os ministérios que propagam a tua Palavra. Dou também aos necessitados e tento fazê-lo de forma anônima, para que tu recebas a honra, e não eu. Obrigado por tua bondade comigo, Pai.

∽

Não pense que sou louco. Não creio que um cristão deva viver para ganhar dinheiro. A coisa mais nobre que um homem pode fazer é receber com humildade e então dar aos outros.

— David Livingstone

NÃO HÁ BARREIRAS ENTRE MIM E O **AMOR DE DEUS**

A Palavra de Deus

Como é precioso o teu amor, ó Deus!

— SALMOS 36:7

Deem graças ao Deus dos céus. O seu amor dura para sempre!

— SALMOS 136:26

Deus tanto amou o mundo que deu o seu Filho Unigênito, para que todo o que nele crer não pereça, mas tenha a vida eterna.

— JOÃO 3:16

Estou convencido de que nem morte nem vida, nem anjos nem demônios, nem o presente nem o futuro, nem quaisquer poderes, nem altura, nem profundidade, nem qualquer outra coisa na criação será capaz de nos separar do amor de Deus que está em Cristo Jesus, nosso Senhor.

— ROMANOS 8:38-39

Vejam como é grande o amor que o Pai nos concedeu: que fôssemos chamados filhos de Deus!

— 1JOÃO 3:1

Deus é amor.

— 1JOÃO 4:8

A verdade

Você sabia que Deus ama cada um de nós tanto quanto ama seu próprio Filho? Ele deu seu Filho *por nós*. O que isso lhe diz sobre a profundidade do amor de Deus por você? E você sabia que não há nada que pode nos separar de seu amor? Satanás não pode. Seu chefe não pode. Sua família não pode. Nem mesmo *você* pode. Quando você aceitou a Cristo, a única coisa que o separava de Deus — seu pecado — foi afastada para sempre na cruz. Agora, já não há mais barreiras — não pode haver barreiras para o amor que Deus tem por você. Viva nesse amor. Faça dele o seu lar. Mantenha o amor de Deus sempre em sua mente. Transborde com o amor de Deus. Nunca, nunca acredite que você está separado do amor de Deus.

Diga a verdade a si mesmo

"Eu sou amado por Deus de maneira que jamais compreenderei. Seu amor por mim está sempre presente e sempre perdurará. Nada no universo tem o poder de impedir o amor de Deus por mim. O amor dele me torna seu; ele me purifica e me motiva a amar os outros. O amor divino é a força sustentadora da minha vida. Eu sei que não existem barreiras que podem impedir que o amor de Deus me alcance. Essa coisa não existe."

Ore acerca da promessa

Deus, teu amor verdadeiramente me basta! O amor é suficiente para curar todas as minhas feridas e para manter-me satisfeito, feliz e ansioso para o momento culminante deste amor quando eu estiver diante de ti. Ah, se todos nós pudéssemos vislumbrar esse amor — nossas vidas seriam transformadas para sempre. O mundo seria transformado. Que amor!

꙳

Nada pode me separar do amor de Deus, absolutamente nada. Deus é suficiente agora. Deus é suficiente para a eternidade. Deus é suficiente!

— Hannah Whitall Smith

DEUS É SENHOR TAMBÉM NOS **TEMPOS BONS**

A Palavra de Deus

Este é o dia em que o SENHOR agiu;
alegremo-nos e exultemos neste dia.

— SALMOS 118:24

Deem graças em todas as circunstâncias, pois esta é a vontade de
Deus para vocês em Cristo Jesus.

— 1TESSALONICENSES 5:18

A verdade

Tantas vezes apelamos a Deus em tempos difíceis, e isso é normal.
E nos tempos bons? Como acreditamos que Deus reage aos nossos
tempos bons? Suspeito que ele adoraria ouvir nossas orações e nossos louvores nessas horas também. Na verdade, nossas palavras de
gratidão e petição a ele são importantes igualmente. Deus está presente em todos os nossos momentos — bons e ruins. Precisamos
louvá-lo sempre.

Diga a verdade a si mesmo

"Minha vida tem suas fases boas e suas fases ruins. Estou ciente
da proximidade de Deus em ambas. Assim como sei que ele sente
minha dor em tempos de provação, sei também que ele sente minha
alegria em tempos bons. Glorifico a Deus diariamente, independentemente das circunstâncias, e isso vale a pena."

Ore acerca da promessa

*Pai, reconheço que gosto dos tempos bons da minha vida, mas os tempos
difíceis... nem tanto assim. Mas sou grato por tudo que tu trazes para a minha*

vida, pois esta é tua vontade expressa — que em tudo eu devo dar graças. Obrigado, então, pelos tempos bons e ruins. Agora e para sempre.

Tu que tens me dado tanto, dá-me mais uma coisa: um coração agradecido.

— George Herbert

A GRAÇA DE DEUS É MAIOR DO QUE O MEU PECADO

A Palavra de Deus

[Em Cristo] temos a redenção por meio de seu sangue, o perdão dos pecados, de acordo com as riquezas da graça de Deus.

— EFÉSIOS 1:7

Ele nos salvou e nos chamou com uma santa vocação, não em virtude das nossas obras, mas por causa da sua própria determinação e graça. Esta graça nos foi dada em Cristo Jesus desde os tempos eternos, sendo agora revelada pela manifestação de nosso Salvador, Cristo Jesus. Ele tornou inoperante a morte e trouxe à luz a vida e a imortalidade por meio do evangelho.

— 2TIMÓTEO 1:9-10

Fortifique-se na graça que há em Cristo Jesus.

— 2TIMÓTEO 2:1

A verdade

A graça veio por meio de Jesus Cristo. Como alguém observou com sabedoria, a graça é a riqueza de Deus paga por Cristo. Recebemos graça porque Cristo pagou a pena pelos nossos pecados. Às vezes, ouvimos pessoas falando sobre a "graça barata", que nos permite ser tolerantes com o pecado, mas a pessoa que compreende realmente a graça de Deus considera o pecado algo repugnante. Jamais devemos acreditar que a graça nos dá a permissão de fazer o que bem entendermos ou que não há preço pela nossa graça. A aquisição mais cara já feita em todo o universo foi a graça de Deus.

Diga a verdade a si mesmo

"Não trato a graça de Deus como algo barato. Para mim, a graça jamais foi barata. Um preço alto foi pago para que eu pudesse viver sob ela, não sob a lei. Eu viverei fortalecido na graça que há em Cristo Jesus. Jamais a menosprezarei pecando propositalmente, tampouco a baratearei retornando para a lei como meio de agradar a Deus."

Ore acerca da promessa

Pai, obrigado pela graça! Ela é minha única esperança de salvação — e ela é minha! Graça, maravilhosa graça!

⤿

A graça está no início e está no fim. Para que, quando você e eu nos deitarmos em nosso leito da morte, a única coisa que nos conforte, ajude e fortaleça seja aquilo que nos ajudou no início. Não aquilo que fomos, não aquilo que fizemos, mas a graça de Deus em Jesus Cristo, nosso Senhor. A vida do cristão começa com a graça, ela continua com a graça, e ela termina com a graça. Graça, maravilhosa graça.

— Martyn Lloyd Jones

NÃO TENHO MAIS **CULPA**,
POIS DEUS PERDOOU TODOS OS MEUS PECADOS

A Palavra de Deus

Reconheci diante de ti o meu pecado
e não encobri as minhas culpas.
Eu disse: "Confessarei as minhas transgressões ao SENHOR",
e tu perdoaste a culpa do meu pecado.

— SALMOS 32:5

Aproximemo-nos de Deus com um coração sincero e com plena convicção de fé, tendo os corações aspergidos para nos purificar de uma consciência culpada e tendo os nossos corpos lavados com água pura.

— HEBREUS 10:22

A verdade

A culpa é real. Ela é real porque as transgressões são reais. Mas, louvado seja Deus, ele tem a solução para as nossas transgressões e para a nossa culpa: o sacrifício expiatório de Cristo. Assim, por mais real que a culpa seja, a solução para ela é ainda mais real: confesse, arrependa-se e caminhe no perdão de Deus. Esta é a única solução, e ela basta.

Diga a verdade a si mesmo

"Agradeço a Deus por nunca mais ter que sentir o peso da culpa. Apesar de ter sido o meu pecado que a causou, Deus desferiu um golpe fatal contra o meu pecado na cruz. Sim, Cristo tomou sobre si o meu pecado e também a minha culpa. Por que, então, deveria eu continuar a carregar aquilo que já não existe mais na mente de Deus?

Eu devo ser livre, como um prisioneiro condenado à morte que, a caminho de sua execução, é levado para a porta da prisão e libertado — é agora um homem livre porque outra pessoa pagou sua pena. Eu agradeço a Deus por ter enviado Cristo para assumir o meu lugar — e a minha culpa."

Ore acerca da promessa

Minha culpa se foi, Senhor; se foi para sempre. Obrigado pela troca que fizeste na cruz: um sacrifício inocente na pessoa de Cristo no meu lugar, assumindo a minha condenação justa. Obrigado por eu ser uma pessoa livre em ti a cada dia.

Quando um homem julga a si mesmo, Satanás é expulso de seu cargo. Quando ele acusa um santo de qualquer coisa, este pode responder e dizer: 'É verdade, Satanás, sou culpado desses pecados, mas eu já me julguei por eles; e tendo me condenado no tribunal da minha consciência, Deus me perdoará no tribunal do céu.

— Thomas Watson

A FELICIDADE VEM DO CONHECIMENTO DE CRISTO

A Palavra de Deus

Alegrem-se, porém, os justos! Exultem diante de Deus!
Regozijem-se com grande alegria!

— SALMOS 68:3

Como é feliz o povo cujo Deus é o SENHOR!

— SALMOS 144:15

Entre vocês há alguém que está sofrendo? Que ele ore. Há alguém
que se sente feliz? Que ele cante louvores.

— TIAGO 5:13

A verdade

A felicidade é o estado natural do cristão — é resultado de uma
vida centrada em Cristo. Se quisermos ser felizes, devemos praticar
as coisas que favorecem a felicidade e evitar as que causam o seu
oposto. Acontece, porém, que muitas coisas (e pessoas) que nos
atraem causam infelicidade. Aprender a ser feliz significa reorien-
tar-se por Cristo como centro da nossa vida e pelos elevados propósitos de Deus.

Diga a verdade a si mesmo

"A fim de encontrar a felicidade, preciso buscar primeiro Cristo,
pois ele é a fonte de toda felicidade verdadeira. Conheço por experiência as coisas que roubam-na de mim, e eu as elimino da minha
vida. Os anos são curtos demais para serem esmagados pelo peso da
infelicidade. Diariamente, eu me comprometo a alegrar minha alma
no Senhor."

Ore acerca da promessa

Hoje assumo a minha felicidade, Senhor. Eu me afasto das tristezas que me causam desespero e olho para ti, para Cristo, como aquele que me basta. Grande é minha felicidade, Senhor, porque eu pertenço a ti; e tu, a mim.

Há mais de quarenta anos, eu reconheci (...) que a minha grande prioridade de todo dia era garantir que minha alma se alegrasse no Senhor.

— George Mueller

DEUS ME MANTÉM FORTE NOS **TEMPOS DIFÍCEIS**

A Palavra de Deus

Deus é o nosso refúgio e a nossa fortaleza,
auxílio sempre presente na adversidade.

— SALMOS 46:1

"Clame a mim no dia da angústia;
eu o livrarei, e você me honrará."

— SALMOS 50:15

Na sua aflição, clamaram ao SENHOR,
e ele os salvou da tribulação em que se encontravam.
Ele enviou a sua palavra e os curou, e os livrou da morte.

— SALMOS 107:19-20

A verdade

Todos nós precisamos passar pelo fogo dos tempos difíceis. Ninguém está isento disso. O que importa é como reagimos durante esses tempos. Continuamos olhando firme para Jesus enquanto atravessamos essas águas tempestuosas, ou olhamos para a água embaixo dos nossos pés e ficamos com medo? Reagir em fé em tempos difíceis nos ajuda a atravessá-los com muito menos esforço e desgaste das nossas almas.

Diga a verdade a si mesmo

"Eu já passei por tempos difíceis antes, e eu passarei por eles de novo. Quando vierem, eu me refugio no meu Deus, no meu Libertador, confiando que ele me levará a tempos melhores novamente. As tempestades passam. Em algum momento, o sol volta a brilhar. Até lá, permanecerei forte e ouvirei as palavras de Jesus: 'Está tudo bem. Estou aqui para atravessar esses tempos com você."

Ore acerca da promessa

Senhor, os tempos difíceis voltaram. Lembro-me das tempestades às quais já sobrevivemos juntos no passado, e sei que sobreviveremos também a esta. Mas todas as vezes parecem ser tão difíceis... Ajuda-me, Pai, enquanto fito meu olhar em Jesus, meu companheiro nesta hora difícil. Permanece próximo a mim, Senhor, mais próximo que nunca. Certamente nos regozijaremos juntos quando estes tempos difíceis chegarem ao fim.

Não importa a tempestade que esteja enfrentando, você precisa saber que Deus o ama. Ele não o abandonou.

— Franklin Graham

DEUS ME DÁ **SAÚDE** A CADA DIA

A Palavra de Deus

Bendiga o SENHOR a minha alma!
Não esqueça de nenhuma de suas bênçãos!
É ele que perdoa todos os seus pecados
e cura todas as suas doenças,
que resgata a sua vida da sepultura
e o coroa de bondade e compaixão.

— SALMOS 103:2-4

Não seja sábio aos seus próprios olhos; tema ao Senhor e evite o mal. Isso lhe dará saúde ao corpo e vigor aos ossos.

— PROVÉRBIOS 3:7-8

"Meu filho, escute o que lhe digo; preste atenção às minhas palavras. Nunca as perca de vista; guarde-as no fundo do coração, pois são vida para quem as encontra e saúde para todo o seu ser."

—PROVÉRBIOS 4:20-22

Entre vocês há alguém que está doente? Que ele mande chamar os presbíteros da igreja, para que estes orem sobre ele e o unjam com óleo, em nome do Senhor. E a oração feita com fé curará o doente; o Senhor o levantará. E se houver cometido pecados, ele será perdoado.

— TIAGO 5:14-15

"Amado, oro para que você tenha boa saúde e tudo lhe corra bem, assim como vai bem a sua alma."

— 3JOÃO 1:2

A verdade

Ninguém gosta de ficar doente. Pergunte a uma pessoa com uma doença crônica se ela quer ficar boa, e ela responderá em alto e bom tom: "Sim!" Mas no momento da enfermidade é difícil imaginar que ela terá um fim. Pensamos: "E seu eu não melhorar? E se eu sofrer? E seu eu me tornar um peso para a minha família? E se isso causar problemas financeiros? E se eu morrer?"

Deus não quer que fiquemos pensando nos "ses". Ele quer que tenhamos saúde, aqui na terra ou no céu. Muitas vezes, é fácil desistir e deixar que a natureza siga seu curso. É mais difícil nos imaginar de volta ao trabalho para realizar o plano de Deus, mas esta deveria ser a nossa esperança, e devemos orar por isso.

Deus é a fonte da nossa saúde — seja a preservando ou a devolvendo a nós quando estamos doentes. Às vezes, ele nos restaura num instante por meio de uma cura divina; outras vezes, ele restaura nossa saúde de forma mais lenta. Às vezes, ele usa médicos; outras vezes, recursos naturais, mas, em todo caso, Deus está presente, cuidando de nós como uma mãe.

Nesse ínterim, enquanto orarmos, devemos também seguir os conselhos de um bom médico, tomar as medidas necessárias para termos nossa saúde restaurada, abandonando quaisquer maus hábitos, e fazer o possível pela nossa recuperação. Deus opera mais eficazmente naqueles cujo foco está no futuro, não no presente.

Diga a verdade a si mesmo

"A Deus pertenço — meu corpo, minha alma, meu espírito. Confio que ele preservará a saúde de todas as partes do meu ser. Quando aparecerem sintomas de doença ou fraqueza, tomarei medidas para restaurar minha saúde, orarei e confiarei a Deus os resultados. Espero em Deus como fonte da minha saúde e o louvo diariamente por cuidar do meu corpo. Quando estou doente, Deus não se ausenta. Ele se faz presente e pode me curar. Ele é o médico dos médicos e aquele que restaura a minha saúde. Superarei essa doença e serei mais forte e mais feliz, ou serei chamado para a sua presença. Se eu tiver mais trabalho a fazer neste mundo, Deus restaurará minha saúde. Para que isso aconteça, eu cooperarei com ele fazendo as coisas que a favorecem, e confiarei que ele me irá devolvê-la. Eu me alimentarei bem, farei exercícios, descansarei e confiarei o meu caminho a ele. Deus restaurará minha saúde por meio de recursos naturais e de seu toque curador. Que minha saúde seja um testemunho da capacidade de Deus de restaurar os doentes e de devolver a saúde."

Ore acerca da promessa

A saúde vem de ti, Senhor. Confio em ti como meu médico, terapeuta e conselheiro supremo. Mostra-me exatamente o que devo fazer para gozar de uma boa saúde. Sei que ouvir e obedecer à tua Palavra é uma fonte de vida. Portanto, permanecer na Bíblia é importante para a minha saúde. Fala comigo através da tua Palavra, Senhor; estou ouvindo.

⌒

Tu, cristão, que estás doente, se realmente quiseres conhecer a vontade de Deus em relação a essa doença, não te deixes influenciar pelas opiniões de outros, nem por teus próprios antigos preconceitos, mas ouve e estuda o que a Palavra de Deus tem a dizer. Examina se ela não te diz que a cura faz parte da redenção de Jesus, e que Deus quer que cada cristão tenha o direito de reivindicá-la; vê se ela não promete que a oração de cada filho de Deus é ouvida, e se a saúde restaurada pelo poder do Espírito Santo não manifesta a glória de Deus aos olhos da Igreja e do mundo.

— Andrew Murray

EU SOU UM CIDADÃO DO CÉU

A Palavra de Deus

"Na casa de meu Pai há muitos aposentos; se não fosse assim, eu lhes teria dito. Vou preparar-lhes lugar. E se eu for e lhes preparar lugar, voltarei e os levarei para mim, para que vocês estejam onde eu estiver. Vocês conhecem o caminho para onde vou."

— João 14:2-4

Olho nenhum viu, ouvido nenhum ouviu, mente nenhuma imaginou o que Deus preparou para aqueles que o amam; mas Deus o revelou a nós por meio do Espírito.

— 1Coríntios 2:9-10

A nossa cidadania, porém, está nos céus, de onde esperamos ansiosamente um Salvador, o Senhor Jesus Cristo. Pelo poder que o capacita a colocar todas as coisas debaixo do seu domínio, ele transformará os nossos corpos humilhados, para serem semelhantes ao seu corpo glorioso.

— Filipenses 3:20-21

Ele enxugará dos seus olhos toda lágrima. Não haverá mais morte, nem tristeza, nem choro, nem dor, pois a antiga ordem já passou. Aquele que estava assentado no trono disse: "Estou fazendo novas todas as coisas!"

— Apocalipse 21:4-5

A verdade

Deus tem um lugar preparado para nós — um *lar*. Na verdade, os cristãos costumam usar a palavra *saudade* para descreverem seu anseio de estar no céu. Nossa vida aqui na terra pode ser longa ou curta,

O poder das promessas de Deus   161

mas sabemos que no céu será eterna. Ah, como desejamos esta vida, quando finalmente *veremos* a Deus!

Diga a verdade a si mesmo

"O céu é glorioso! Palavras terrenas não conseguem descrever como será meu lar no céu. Mas pela fé eu já o enxergo e desejo estar na eternidade, que não conhece tristeza, doença nem pecado — apenas pura alegria. Estou pronto!"

Ore acerca da promessa

Pai, esta vida é apenas uma preparação para o céu. Com meus olhos voltados para a eternidade, avanço dia após dia em direção àquele destino glorioso e final, ansioso para estar no meu lar verdadeiro contigo.

Falamos do céu como algo muito distante. Na verdade, está muito perto para aqueles que pertencem a ele. O céu é um lugar preparado para pessoas preparadas.

— D. L. Moody

O ESPÍRITO SANTO HABITA EM MIM

A Palavra de Deus

"Se vocês, apesar de serem maus, sabem dar boas coisas aos seus filhos, quanto mais o Pai que está no céu dará o Espírito Santo a quem o pedir!"

— Lucas 11:13

"O Conselheiro, o Espírito Santo, que o Pai enviará em meu nome, lhes ensinará todas as coisas e lhes fará lembrar tudo o que eu lhes disse."

— João 14:26

Que o Deus da esperança os encha de toda alegria e paz, por sua confiança nele, para que vocês transbordem de esperança, pelo poder do Espírito Santo.

— Romanos 15:13

[Em Cristo], quando vocês ouviram e creram na palavra da verdade, o evangelho que os salvou, vocês foram selados com o Espírito Santo da promessa, que é a garantia da nossa herança até a redenção daqueles que pertencem a Deus, para o louvor da sua glória.

— Efésios 1:13-14

A verdade

Cada cristão foi criado como um recipiente. Nosso conteúdo é o Espírito Santo de Deus. O apóstolo Paulo diz que o Espírito Santo é o pagamento de uma parcela para a entrada no céu. Diz que somos selados pelo Espírito — aquele que chamamos de Guia, Consolador e Instrutor — até o dia da nossa redenção. Uma pessoa diariamente capacitada pelo Espírito Santo que a habita está verdadeiramente experimentando *vida*.

Diga a verdade a si mesmo

"Deus vive em mim na pessoa do Espírito Santo. É a sua vida que as pessoas veem em minha vida. Ele me dá uma sabedoria além da minha; ele me leva a encontros divinos; e ele me dá dons para servir a outros. Ele me conforta, me aconselha, me adverte, me guia e me leva a 'transbordar de esperança' pelo seu poder. Eu obedecerei ao Espírito Santo de Deus em tudo que fizer."

Ore acerca da promessa

Senhor, o aspecto mais maravilhoso da minha vida em ti é que tu não ages comigo externamente a mim, antes resides dentro de mim na pessoa do Espírito Santo. Tu vives em mim. Sou o templo do teu Espírito. Isso é inimaginável — mas é verdade! Senhor, dá-me diariamente a consciência de que eu não estou sozinho nesta jornada, mas de que tu estás comigo. Tu me guias para onde eu devo ir. Louvado sejas, Pai, pelo teu maravilhoso Espírito Santo!

∾

Aceite isto como o segredo da vida de Cristo em você: seu Espírito reside no mais íntimo do seu espírito. Medite sobre isso, acredite nisso e lembre-se disso até essa verdade gloriosa produzir dentro de você um temor e uma maravilha sagrada diante do fato de que o Espírito Santo realmente habita em você!

— Watchman Nee

EU REJEITO TODAS AS FORMAS DE IDOLATRIA

A Palavra de Deus

Meus amados irmãos, fujam da idolatria.

— 1Coríntios 10:14

Vocês podem estar certos disto: nenhum imoral nem impuro nem ganancioso, que é idólatra, tem herança no Reino de Cristo e de Deus.

— Efésios 5:5

Façam morrer tudo o que pertence à natureza terrena de vocês: imoralidade sexual, impureza, paixão, desejos maus e a ganância, que é idolatria.

— Colossenses 3:5

Filhinhos, guardem-se dos ídolos.

— 1João 5:21

A verdade

Às vezes, associamos idolatria a antigas culturas pagãs. Mas ela existe em todo lugar ao nosso redor. Um ídolo é qualquer coisa que priorizamos acima de Deus. Pode ser dinheiro, posição, fama, sexo, drogas, álcool, uma pessoa amada ou, sim, até mesmo um ídolo feito por homens afim de ser adorado como em antigas culturas pagãs. Algumas pessoas realmente ainda oram para ídolos feitos pelo homem. Outros oferecem sua lealdade simplesmente ao prazer ou ao materialismo, o que também é idolatria.

Diga a verdade a si mesmo

"Ídolos são uma armadilha. Eles levam aqueles que os adoram para longe do caminho certo. Entendo que qualquer coisa que eu priorize acima do meu relacionamento com Deus é um ídolo, e eu expulso todos do lugar que ocupam em minha vida e no meu coração. Além disso, arrependo-me de qualquer ídolo que eu tenha adorado — sejam eles ídolos mentais ou materiais — e dirijo minha adoração apenas a Deus."

Ore acerca da promessa

Senhor, ao longo dos séculos, tu tens libertado generosamente de seus ídolos aqueles que te amam. Eu peço que reveles qualquer coisa na minha vida que eu tenha colocado acima de ti. Quero que tu sejas a prioridade da minha vida — e nenhum tipo de ídolo deve ter qualquer primazia em minha vida.

꠹

Enquanto você desejar muito qualquer coisa, principalmente se você a desejar mais do que deseja Deus, essa coisa é um ídolo.

— A. B. Simpson

PARA DEUS NADA É IMPOSSÍVEL

A Palavra de Deus

Existe alguma coisa impossível para o SENHOR?

— GÊNESIS 18:14

"Eu sou o SENHOR, o Deus de toda a humanidade. Há alguma coisa difícil demais para mim?"

— JEREMIAS 32:27

"Eu lhes asseguro que se vocês tiverem fé do tamanho de um grão de mostarda, poderão dizer a este monte: 'Vá daqui para lá', e ele irá. Nada lhes será impossível."

— MATEUS 17:20

"Tudo é possível àquele que crê."

— MARCOS 9:23

"O que é impossível para os homens é possível para Deus."

— LUCAS 18:27

A verdade

Às vezes nossa vida segue tranquilamente, até que de repente nos deparamos com uma montanha no caminho chamada Impossível. É impossível escalá-la, circundá-la, atravessá-la ou passar por baixo dela. Não vemos como avançar. Na verdade, é um lugar maravilhoso para se estar. Por quê? Porque é quando realmente somos obrigados a dar espaço a Deus para que ele possa trabalhar. Quando nossas próprias habilidades conseguem resolver o problema, tendemos a depender menos de Deus. Mas quando a montanha Impossível se ergue diante de nós, o que mais podemos fazer? É nesse momento

O poder das promessas de Deus 167

que Deus nos mostra seu melhor trabalho. Pois, para Deus, nada é impossível. Qual é a sua montanha Impossível? Basta ter uma fé do tamanho de uma semente de mostarda, e Deus moverá aquela montanha com seu poder e em seu tempo.

Diga a verdade a si mesmo

"De vez em quando, eu me deparo com uma situação na minha vida que só pode ser chamada de 'impossível'. A mim, resta apenas dar um passo para trás e entregá-la àquele para quem nada é impossível. Eu dou espaço a Deus. Que mais eu poderia fazer? Nada... além de louvar a Deus por seu grande poder."

Ore acerca da promessa

Senhor, que posso fazer? Não há maneira humana de atravessar esta montanha na minha frente. Estou te dando todo espaço de que precisas. Por favor, remove-a do meu caminho. Se tu não o fizeres, nada acontecerá. Move-a, Senhor, move-a!

Existem três fases na obra de Deus: Impossível, difícil, resolvido.

— Hudson Taylor

NÃO CULTIVAREI **PENSAMENTOS IMPUROS**

A Palavra de Deus

"Vocês ouviram o que foi dito: 'Não adulterarás'. Mas eu lhes digo: qualquer que olhar para uma mulher para desejá-la, já cometeu adultério com ela no seu coração."

— MATEUS 5:27-28

Revistam-se do Senhor Jesus Cristo, e não fiquem premeditando como satisfazer os desejos da carne.

— ROMANOS 13:14

Levamos cativo todo pensamento, para torná-lo obediente a Cristo.

— 2CORÍNTIOS 10:5

Usem o escudo da fé, com o qual vocês poderão apagar todas as setas inflamadas do Maligno.

— EFÉSIOS 6:16

Tudo o que for verdadeiro, tudo o que for nobre, tudo o que for correto, tudo o que for puro, tudo o que for amável, tudo o que for de boa fama, se houver algo de excelente ou digno de louvor, pensem nessas coisas.

— FILIPENSES 4:8

A graça de Deus se manifestou salvadora a todos os homens. Ela nos ensina a renunciar à impiedade e às paixões mundanas e a viver de maneira sensata, justa e piedosa nesta era presente.

— TITO 2:11-12

A verdade

Se não formos cuidadosos, nossas mentes podem atrair imagens mentais impuras, assim como um ímã atrai o metal. E pensamentos impuros podem levar a atos impuros (dos quais nos arrependeremos amargamente). Mas há uma solução para o problema desse tipo de pensamentos: precisamos proteger ativamente as nossas mentes. Quando os polos de um ímã são invertidos, o ímã repele o metal. É isso que acontece quando protegemos a nossa mente. Essa proteção repele a impureza e volta a mente para pensamentos mais saudáveis.

Diga a verdade a si mesmo

"Minha mente não atrai pensamentos impuros. Por isso, a protejo ativamente, não alimentando-a com imagens de fontes impuras (como pornografia ou programas de TV ou filmes com conteúdo erótico ou que mostrem atos de imoralidade sexual). Quando um pensamento impuro cruza meu caminho, eu o rechaço com o escudo da fé — o guardião da minha mente. Eu planto sementes de pensamentos bons em minha mente por meio da leitura da Palavra de Deus e da meditação sobre ele e sua bondade. Quando penso nessas coisas, os pensamentos impuros perdem seu poder de atração."

Ore acerca da promessa

Senhor, tantos dos meus atos errados — meus pecados — começaram com pensamentos errados. Eu me arrependi disso e agora estabelecerei uma proteção em volta dos meus pensamentos para evitar que minha mente vá aonde ela não deve ir. Lembra-me, Senhor, quando eu me colocar numa posição que possa atrair pensamentos impuros.

∽

A imaginação é a incubadora em que o pecado costuma ser chocado. Proteja seus pensamentos, e você terá pouco a temer de seus atos.

— J. C. Ryle

MINHA **HERANÇA** COMO FILHO DE DEUS É IMPERECÍVEL

A Palavra de Deus

As divisas caíram para mim em lugares agradáveis:
Tenho uma bela herança!

— SALMOS 16:6

"Olho nenhum viu, ouvido nenhum ouviu, mente nenhuma imaginou o que Deus preparou para aqueles que o amam"; mas Deus o revelou a nós por meio do Espírito.

— 1CORÍNTIOS 2:9-10

[Deem] graças ao Pai, que nos tornou dignos de participar da herança dos santos no reino da luz.

— COLOSSENSES 1:12

Tudo o que fizerem, façam de todo o coração, como para o Senhor, e não para os homens, sabendo que receberão do Senhor a recompensa da herança. É a Cristo, o Senhor, que vocês estão servindo.

— COLOSSENSES 3:23-24

Bendito seja o Deus e Pai de nosso Senhor Jesus Cristo! Conforme a sua grande misericórdia, ele nos regenerou para uma esperança viva, por meio da ressurreição de Jesus Cristo dentre os mortos, para uma herança que jamais poderá perecer, macular-se ou perder o seu valor. Herança guardada nos céus para vocês que, mediante a fé, são protegidos pelo poder de Deus até chegar a salvação prestes a ser revelada no último tempo.

— 1PEDRO 1:3-5

A verdade

Nós, cristãos, somos as pessoas mais ricas do mundo em virtude da nossa herança como filhos de Deus. Só que parte das nossas riquezas mais preciosas não são visíveis para este mundo, na verdade, são inconcebíveis para a mente humana. Mesmo assim são muito reais — e estão esperando por nós.

Diga a verdade a si mesmo

"Sou a pessoa mais rica que conheço. Sério! Tenho uma herança que envergonharia os herdeiros de Bill Gates ou de Donald Trump. Apesar de desfrutar de parte da minha herança já agora, a maior parte desses bens me espera no céu. Por ora, basta saber como eu sou rico. Isso me liberta de invejar os que possuem mais bens neste mundo."

Ore acerca da promessa

Amado Pai celestial, eu me alegro com minha herança. Obrigado por me amares, por providenciares para mim tudo de que preciso nesta e na próxima vida. Obrigado por todas as promessas incluídas em minha herança.

Aquele que vencer herdará todas as coisas. Deus não tem filhos pobres.

— D. L. Moody

SOU UMA PESSOA **ÍNTEGRA**

A Palavra de Deus

Sei, ó meu Deus, que sondas o coração e que te agradas com a integridade.

— 1CRÔNICAS 29:17

Que a integridade e a retidão me protejam,
porque a minha esperança está em ti.

— SALMOS 25:21

Quem anda com integridade anda com segurança,
mas quem segue veredas tortuosas será descoberto.

— PROVÉRBIOS 10:9

A retidão protege o homem íntegro,
mas a impiedade derruba o pecador.

— PROVÉRBIOS 13:6

A verdade

A integridade agrada a Deus, e também a outras pessoas que veem que somos homens e mulheres confiáveis e honrados. Quando andamos em integridade, honramos a Deus — e ao longo do caminho descobrimos que a integridade já é uma recompensa em si.

Diga a verdade a si mesmo

"Sou uma pessoa extremamente íntegra. Eu sei distinguir o certo do errado e faço o certo. Mesmo que os outros jamais venham a ver os resultados — eu sei que Deus vê. Minha integridade me mantém seguro. Serei recompensado nesta e na próxima vida por ela. Não permitirei uma só mancha em minha reputação. Essa impureza mancharia também a reputação do Senhor. Minha boa reputação, porém, também reflete no Senhor. Ela dá a ele o louvor que merece."

Ore acerca da promessa

Obrigado, Pai, pelo fato de minha integridade falar tanto aos outros sobre o Deus ao qual sirvo. Que tu sejas honrado por meio dos meus atos honrosos diante dos outros. Que tu me ajudes sempre a tomar boas decisões e a caminhar nos caminhos da honestidade e da justiça.

Devemos ser a mesma pessoa na vida privada e na vida pública. Apenas a visão cristã do mundo nos dá um fundamento para esse tipo de integridade.

— Charles Colson

EU EXALTO O SENHOR **JESUS CRISTO** NA MINHA VIDA

A Palavra de Deus

Deus o exaltou à mais alta posição e lhe deu o nome que está acima de todo nome, para que ao nome de Jesus se dobre todo joelho, no céu, na terra e debaixo da terra, e toda língua confesse que Jesus Cristo é o Senhor, para a glória de Deus Pai.

— FILIPENSES 2:9-11

O nome de nosso Senhor Jesus será glorificado em vocês, e vocês nele, segundo a graça de nosso Deus e do Senhor Jesus Cristo.

— 2TESSALONICENSES 1:12

"Digno é o Cordeiro que foi morto de receber poder, riqueza, sabedoria, força, honra, glória e louvor!"Depois ouvi todas as criaturas existentes no céu, na terra, debaixo da terra e no mar, e tudo o que neles há, que diziam: "Àquele que está assentado no trono e ao Cordeiro sejam o louvor, a honra, a glória e o poder, para todo o sempre!"

— APOCALIPSE 5:12-13

A verdade

Bem no centro do plano de Deus está seu amor por seu Filho. Tudo gira em torno de Jesus. Existe apenas um nome diante do qual todo joelho se dobrará algum dia. Mas nós não precisamos esperar até aquele dia para nos ajoelharmos e exaltarmos o Senhor Jesus Cristo. Podemos fazer isso agora. Podemos glorificá-lo hoje.

Diga a verdade a si mesmo

"Na minha imaginação, vejo dez mil vezes dez mil anjos em volta do trono de Deus, louvando e proclamando em alta voz: 'Digno é o

O poder das promessas de Deus   175

Cordeiro! A ele sejam o louvor, a honra, a glória e o poder para todo o sempre!' Então imagino como os cristãos do passado e do presente se unem para exaltar o Senhor Jesus Cristo para exaltá-lo com suas bocas e seu serviço. A ele seja todo louvor, honra, glória e poder para sempre! Que ele seja glorificado em mim. Louvado seja!"

Ore acerca da promessa

Senhor, no fim das contas, tudo que importa é Jesus, não é? Ele é o único que merece receber o louvor da Criação. E assim, Senhor, agora e para sempre, eu ofereço meus louvores ao Rei dos reis e Senhor dos senhores, meu Redentor, meu verdadeiro Amigo e Mestre da minha vida.

O que pensamos de Cristo? Ele é glorioso aos nossos olhos e precioso aos nossos corações? Que Cristo seja nossa alegria, nossa confiança, nosso tudo. Que diariamente possamos nos conformar mais a ele e nos dedicar mais ao seu serviço.

— Matthew Henry

MINHA VIDA É MARCADA PELA **ALEGRIA**

A Palavra de Deus

Não se entristeçam, porque a alegria do SENHOR os fortalecerá.
— NEEMIAS 8:10

Tu me farás conhecer a vereda da vida,
a alegria plena da tua presença, eterno prazer à tua direita.
— SALMOS 16:11

Os resgatados do SENHOR voltarão.
Entrarão em Sião com cântico;
alegria eterna coroará suas cabeças.
Júbilo e alegria se apossarão deles,
tristeza e suspiro deles fugirão.
— ISAÍAS 51:11

Alegrem-se sempre no Senhor. Novamente direi: alegrem-se!
— FILIPENSES 4:4

Mesmo não o tendo visto, vocês o amam; e apesar de não o verem agora, creem nele e exultam com alegria indizível e gloriosa, pois vocês estão alcançando o alvo da sua fé, a salvação das suas almas.
— 1 PEDRO 1:8-9

A verdade

A alegria é um dos distintivos do cristão maduro, porque, como cristãos, vivemos na presença de Deus onde há sempre uma abundância de alegria. A alegria do Senhor é a nossa força. Sem alegria não há força. Seja alegre e forte.

O poder das promessas de Deus 177

Diga a verdade a si mesmo

"Jesus prometeu que minha alegria seria completa, não parcial. Ela é completa em sua presença. Não é possível contemplar Cristo e minha salvação sem responder alegremente. A alegria também é fruto do Espírito Santo. Eu tenho o Espírito Santo, portanto, tenho a alegria do Espírito. Quando me sinto fraco, lembro-me de que a alegria do Senhor é minha força, e tomo a decisão de ser alegre e fortalecido."

Ore acerca da promessa

Aumenta minha alegria, Senhor! Que as pessoas me vejam e se maravilhem diante da profunda alegria que sinto. Que meu coração cante seus alegres louvores mesmo quando eu não me sentir muito bem. Obrigado, Senhor, por me dares a tua alegria! Obrigado por tua jubilosa força.

Comece a regozijar-se no Senhor, e seus ossos começarão a florescer como ervas, e seu rosto brilhará com o frescor da saúde. Preocupação, medo, desconfiança — tudo isso é veneno! A alegria é bálsamo e cura, e se você se regozijar, Deus lhe dará força.

— A. B. Simpson

EM CRISTO ESTOU LIVRE DO **LEGALISMO** RELIGIOSO

A Palavra de Deus

Ele nos capacitou para sermos ministros de uma nova aliança, não da letra, mas do Espírito; pois a letra mata, mas o Espírito vivifica.

— 2CORÍNTIOS 3:6

Vocês foram chamados para a liberdade. Mas não usem a liberdade para dar ocasião à vontade da carne; pelo contrário, sirvam uns aos outros mediante o amor. Toda a lei se resume num só mandamento: "Ame o seu próximo como a si mesmo."

— GÁLATAS 5:13-14

A verdade

O fruto de uma vida enraizada em Deus é fazer o bem. Mas se tentarmos agradar a Deus por meio de boas obras sem confiar completamente na obra completa de Cristo, nossas boas obras serão em vão. E se acreditarmos que podemos agradar a Deus cumprindo uma lista de ordens e proibições, ficaremos presos a uma forma de legalismo que mata. Deixemos de confiar em nossas boas obras e confiemos apenas em Cristo. Então veremos o que é fruto verdadeiro.

Diga a verdade a si mesmo

"Às vezes me sinto como se devesse tentar agradar a Deus lendo mais a Bíblia ou orando mais. Quando não vou à igreja, acho que Deus está decepcionado comigo. Mas eu sei que é somente pela graça de Deus que eu sou salvo e que eu fui aprovado por Deus apenas pela mesma graça. Não permitirei que o legalismo destrua minha vida em Cristo. Em vez disso, deixando Cristo viver por meio de mim, eu desfrutarei uma vida abundante no Espírito."

O poder das promessas de Deus

Ore acerca da promessa

Ah, Senhor! Obrigado pela liberdade em Cristo! Que escravidão terrível é o legalismo religioso, por meio do qual jamais conseguirei agradar-te. Oro para que eu possa crescer na graça e andar mais no teu Espírito, que é a fonte da vida. Que alegria me deste quando retiraste as amarras do legalismo, por isso eu me alegro em ti e naquilo que fizeste, não naquilo que eu posso fazer. Louvado sejas, Pai!

Tentar trabalhar para Deus sem adorá-lo resulta em legalismo sem alegria. O trabalho sem adoração aumenta apenas sua força de vontade, não o valor de Deus. Se você tentar fazer coisas para Deus sem se alegrar nele, você o desonra. Servir a Deus sem deleitar-se nele é uma atividade sem vida e irreal.

— John Piper

NUNCA ESTOU **SÓ**, POIS DEUS É MEU COMPANHEIRO

A Palavra de Deus

Volta-te para mim e tem misericórdia de mim,
pois estou só e aflito.

— SALMOS 25:16

Jesus retirava-se para lugares solitários, e orava.

— LUCAS 5:16

"Aproxima-se a hora, e já chegou, quando vocês serão espalhados cada um para a sua casa. Vocês me deixarão sozinho. Mas, eu não estou sozinho, pois meu Pai está comigo."

— JOÃO 16:32

"Nunca o deixarei, nunca o abandonarei."

— HEBREUS 13:5

A verdade

Já no início da Bíblia lemos que não é bom que o homem esteja sozinho. Por isso, nos foi dado o casamento. Mas nem todos são casados. Muitos vivem sozinhos e desejam companheirismo. Até mesmo muitas pessoas casadas se sentem solitárias. Aos solitários, Deus diria que se aproximem dele e que ele será seu companheiro, e ao aproximar-se dele logo você descobrirá que está se aproximando também de outros que o colocaram em primeiro lugar. Lembre-se também que Jesus procurou lugares solitários para orar. Se Deus o colocou num lugar solitário, talvez seja seu chamado para seguir o exemplo de Jesus e servir em oração.

Àqueles que conhecem uma pessoa solitária, Deus diria: "Sendo amigo dos solitários, você é meu amigo."

Diga a verdade a si mesmo

"Jamais posso estar verdadeiramente sozinho. Deus sempre está comigo. Ele é sempre meu companheiro e sempre me ama. Ele jamais me abandonará. Eu ficarei atento àqueles em minha volta que estão sozinhos e estenderei a minha mão a eles. Ao fazê-lo, estendo a minha mão a Jesus. E se for a vontade de Deus reservar-me para si mesmo nessa vida, eu entenderei isso como chamado para orar e fazer amizade com outros que também estão sozinhos."

Ore acerca da promessa

Senhor, tu sabes que estou cansado desta solidão. Eu te amo, mas eu amaria ter outra pessoa em minha vida com a qual eu pudesse conversar e compartilhar os tempos bons. Tu conheces esta minha necessidade, assim como todas as outras. Confio que tu preencherás esse vazio enviando-me amigos ou com sua companhia, de forma que não me sentirei mais solitário. Obrigado, Pai, pelos amigos que tenho. Obrigado pelo Espírito Santo, que vive em mim.

Às vezes a solidão nos inunda como uma onda inesperada. Ela é uma das características da nossa humanidade e, de certa forma, é incurável. No entanto, encontrei uma paz em meus momentos mais solitários não apenas aceitando a minha situação, mas fazendo dela um sacrifício a Deus, que pode transfigurá-la em algo que sirva para o bem de outros.

— Elisabeth Elliot

AMEM UNS AOS OUTROS

A Palavra de Deus

"Um novo mandamento lhes dou: Amem-se uns aos outros. Como eu os amei, vocês devem amar-se uns aos outros. Com isso todos saberão que vocês são meus discípulos, se vocês se amarem uns aos outros."

— João 13:34-35

"Este é o meu mandamento: amem-se uns aos outros."

— João 15:17

Dediquem-se uns aos outros com amor fraternal. Prefiram dar honra aos outros mais do que a si próprios.

— Romanos 12:10

Façam tudo com amor.

— 1Coríntios 16:14

Quanto ao amor fraternal, não precisamos escrever-lhes, pois vocês mesmos já foram ensinados por Deus a se amarem uns aos outros.

— 1Tessalonicenses 4:9

A verdade

Amar o próximo, diz Jesus, só fica abaixo do mandamento de amar a Deus com todo nosso coração, alma, mente e força. Paulo diz que Deus nos ensina a amarmos uns aos outros, e ele nos incentiva a "fazer tudo em amor". Nosso amor uns pelos outros é o sinal de que realmente conhecemos Deus. Mas para que funcione como sinal, ele precisa ser visível aos outros.

Diga a verdade a si mesmo

"O amor ao próximo é a válvula projetada por Deus para o amor divino. Quando amo alguém que eu consigo ver, isso prova que eu amo aquele que eu não consiga ver. Sou incentivado pelo amor de Deus a ser um amante de todas as pessoas que encontro — mesmo quando este amor pode me machucar ou me custar caro. Meu amor pelos outros me impulsiona a estender-lhes a mão, até mesmo no sentido sacrificial, como Cristo o fez."

Ore acerca da promessa

Senhor, ensina-me a amar os outros de forma mais profunda. Não só com palavras, mas também em atos. Faz com que meu amor seja um sinal para os outros de que eu pertenço a ti. Não permita que exista qualquer dúvida de que o dom do amor está em operação dentro de mim.

Nosso amor a Deus é medido pela nossa comunhão diária com os outros e pelo amor que nela se manifesta.

— Andrew Murray

DEUS DE **MILAGRES**. ELE É O MESMO ONTEM, HOJE E PARA SEMPRE

A Palavra de Deus

Tu és o Deus que realiza milagres;
mostras o teu poder entre os povos.

— SALMOS 77:14

[Jesus] não realizou muitos milagres ali [em Nazaré], por causa da incredulidade deles.

— MATEUS 13:58

Aquele que lhes dá o seu Espírito e opera milagres entre vocês, realiza essas coisas pela prática da lei ou pela fé com a qual receberam a palavra?

— GÁLATAS 3:5

A verdade

Deus nunca muda. Ele é o mesmo ontem, hoje e para sempre. Seu poder é o mesmo hoje quanto o era na época em que Jesus caminhava por esta terra. Milagres acontecem. E devemos, precisamos sempre acreditar que Deus os faz. Que jamais digam de nós: "Ele não realizou muitos milagres ali, por causa da incredulidade deles."

Diga a verdade a si mesmo

"Meu Deus é um Deus de mialgres. Até mesmo esta minha vida é um milagre. Ele pode fazer qualquer coisa — natural ou sobrenaturalmente. Nada se encontra fora das suas possibilidades. Seu poder milagroso age na minha vida e em minhas circunstâncias. Que os céticos debatam o quanto quiserem, mas quando nada além de um milagre consegue resolver uma situação, eu confio que Deus o providenciará."

Ore acerca da promessa

Deus, a noção segundo a qual tu não podes ou não queres mais agir de maneiras milagrosas nos dias de hoje pode ser traduzida para: "Ele não realizou muitos milagres ali, por causa da incredulidade deles." Senhor, dá-me fé para ver milagres quando apenas um milagre existir.

Como somos rápidos em esquecer as grandes libertações na nossa vida. Quão rápido passamos a ver os milagres ficando no nosso passado como algo natural.

— David Wilkerson

DEUS É O SENHOR TAMBÉM DO MEU DINHEIRO

A Palavra de Deus

Quem ama o dinheiro jamais terá o suficiente;
quem ama as riquezas jamais ficará satisfeito com os seus
rendimentos.

— ECLESIASTES 5:10

"Nenhum servo pode servir a dois senhores; pois odiará a um e
amará ao outro, ou se dedicará a um e desprezará ao outro. Vocês
não podem servir a Deus e ao Dinheiro."

— LUCAS 16:13

Deem a cada um o que lhe é devido: Se imposto, imposto; se tributo, tributo; se temor, temor; se honra, honra. Não devam nada
a ninguém, a não ser o amor de uns pelos outros, pois aquele que
ama seu próximo tem cumprido a lei.

— ROMANOS 13:7-8

O amor ao dinheiro é raiz de todos os males. Algumas pessoas, por
cobiçarem o dinheiro, desviaram-se da fé e se atormentaram a si
mesmas com muitos sofrimentos.

— 1TIMÓTEO 6:10

Conservem-se livres do amor ao dinheiro e contentem-se com o
que vocês têm, porque Deus mesmo disse: "Nunca o deixarei,
nunca o abandonarei."

— HEBREUS 13:5

A verdade

O dinheiro, usado corretamente, é uma ferramenta. Usada de forma inadequada, se transforma em ídolo. Aqueles que fazem do acúmulo de dinheiro a sua meta estão seguindo a direção errada. O dinheiro, assim como as nossas vidas, deve ser investido no reino de Deus, não gasto tolamente. Tampouco devemos adquirir dívidas. Não devemos ter dívida senão a de amar-nos uns aos outros. O dinheiro é um empréstimo de Deus. Use-o com sabedoria.

Diga a verdade a si mesmo

"Eu uso meu dinheiro de forma responsável. Dinheiro não é minha meta e não é meu deus. Meu Senhor satisfaz as minhas necessidades e muitos dos meus desejos também. Eu busco primeiro o seu Reino, e todas as outras coisas me serão dadas. Considero meus recursos espirituais mais importantes do que meus bens materiais. E quando penso em investir, penso em como investir melhor a minha vida para o Reino de Deus. O dinheiro vai e vem, mas os investimentos que faço no Reino de Deus são eternos. Procuro conselhos financeiros na Bíblia e evito fazer dívidas sempre que possível. Trabalharei para me livrar das minhas dívidas atuais e de meus investimentos tolos. Eu viverei pelos princípios financeiros cristãos — de ser um doador, não um recebedor, e devo apenas o amor aos outros."

Ore acerca da promessa

Deus da minha vida, confio a ti as minhas finanças. Tu és a fonte da minha renda e sempre será. Ajuda-me a ver meu dinheiro primeiramente como algo a ser usado para o teu Reino. À medida que demonstro ser fiel em questões financeiras, comprometo-me a ser um canal pelo qual o dinheiro flui para os lugares aonde ele precisa chegar. Obrigado por me usares como instrumento para abençoar aqueles que não têm tanto quanto eu tenho.

Senhor, guia-me em minhas decisões, para que elas me livrem rapidamente das minhas dívidas. Equilibra minhas finanças para que eu não seja tentado a pedir dinheiro emprestado a fim de comprar coisas de que eu não preciso. Ajuda-me a buscar tua prosperidade, Senhor, e não a prosperidade deste mundo.

A água é útil para o navio e o ajuda a navegar melhor até o porto, mas se você deixa a água entrar no navio e não a retira, ela afunda o navio. Da mesma forma, riquezas são úteis e convenientes para a nossa viagem. Atravessamos com maior conforto as dificuldades deste mundo com riquezas: mas se a água entrar no navio, se o amor pelas riquezas entrar no nosso coração, ele nos afunda.

— Thomas Watson

EU SOU UMA **NOVA CRIAÇÃO** EM CRISTO

A Palavra de Deus

Jesus declarou: "Digo-lhe a verdade: Ninguém pode ver o Reino de Deus, se não nascer de novo."

— JOÃO 3:3

Se alguém está em Cristo, é nova criação. As coisas antigas já passaram; eis que surgiram coisas novas!

— 2CORÍNTIOS 5:17

De nada vale ser circuncidado ou não. O que importa é ser uma nova criação.

— GÁLATAS 6:15

Não mintam uns aos outros, visto que vocês já se despiram do velho homem com suas práticas e se revestiram do novo, o qual está sendo renovado em conhecimento, à imagem do seu Criador.

— COLOSSENSES 3:9-10

A verdade

No momento da salvação — do novo nascimento — recebemos uma nova natureza. Paulo chamou isso de tornar-se uma "nova criação". Quando vivemos no poder dessa nova natureza, crescemos na vida cristã. A nova criação nos afasta do pecado e da ansiedade e nos dá coragem e ousadia. Somos capacitados a sermos tudo que quisermos por causa do poder da nossa nova natureza.

Diga a verdade a si mesmo

"Coisas velhas da minha vida se passaram. Todas as coisas se tornaram novas. Agora, vivo pela nova natureza que recebi em meu novo nascimento. Na minha nova natureza, encontro cada recurso que preciso para as situações do dia a dia. Eu supero todos os obstáculos declarando que minha velha natureza morreu e confiando em minha nova natureza celestial. Por meio dessa natureza que Deus me deu, caminho confiante no Espírito, evito o pecado, vivo em união com outros cristãos e amando e servindo a Deus. Agora estou descobrindo cada vez mais sobre o poder dessa nova natureza."

Ore acerca da promessa

Obrigado, Pai, porque, quando encontrei a fé em ti, eu fui feito uma nova criação. Verdadeiramente, o velho passou, e agora vivo a cada momento como uma pessoa totalmente "recém-nascida". Com essa nova criação veio o poder de viver uma vida totalmente produtiva, que agrada a ti. Obrigado por cuidares de mim, Senhor, enquanto vivo esta nova vida. Louvado sejas, Senhor!

ᔐ

Nascer de novo significa entrar numa nova existência, receber uma nova mente, um novo coração, novas perspectivas, novos princípios, novos gostos, novos afetos, novas preferências, novos desgostos, novos medos, novas alegrias, novas tristezas, novo amor por coisas que odiávamos, novo ódio por coisas que amávamos, novos pensamentos de Deus, de nós mesmos e do mundo, e a vida vindoura, a salvação.

— J. C. Ryle

EU REJEITO O PODER DO **OCULTISMO** NA MINHA VIDA

A Palavra de Deus

"Não recorram aos médiuns, nem busquem a quem consulta espíritos, pois vocês serão contaminados por eles. Eu sou o SENHOR, o Deus de vocês."

— LEVÍTICO 19:31

Quando disserem a vocês: "Procurem um médium ou alguém que consulte os espíritos e murmurem encantamentos, pois todos recorrem a seus deuses e aos mortos em favor dos vivos", respondam: "À lei e aos mandamentos!" Se eles não falarem conforme esta palavra, vocês jamais verão a luz!

— ISAÍAS 8:19-20

"Certo dia, indo nós para o lugar de oração, encontramos uma escrava que tinha um espírito pelo qual predizia o futuro. Ela ganhava muito dinheiro para os seus senhores com adivinhações. Essa moça seguia a Paulo e a nós, gritando: 'Estes homens são servos do Deus Altíssimo e lhes anunciam o caminho da salvação.' Ela continuou fazendo isso por muitos dias. Finalmente, Paulo ficou indignado, voltou-se e disse ao espírito: 'Em nome de Jesus Cristo eu lhe ordeno que saia dela!' No mesmo instante o espírito a deixou."

— ATOS 16:16-18

A verdade

Uma das tentativas mais descaradas de Satanás de capturar os corações e as mentes das pessoas é por meio de atividades ocultas. Os exemplos incluem astrologia, consultas mediúnicas, bruxaria, búzios e muitas outras ofertas de enganação espiritual disponíveis hoje em dia. Uma atividade oculta "inocente" costuma levar a uma escuridão cada vez maior. Não podemos ignorar as tramas do Diabo. Somos filhos da luz e precisamos nos manter longe de todas as formas de escuridão espiritual, rejeitando-as firmemente. Elas não podem fazer parte das nossas vidas.

Diga a verdade a si mesmo

"Eu não ignoro as estratégias que Satanás usa para me afastar de Cristo. Elas falharão. Eu repudio qualquer tipo de prática oculta no meu passado e repreendo as forças satânicas que querem me atrair para a escuridão. Elas não podem se apoderar de mim. Eu pertenço completamente a Cristo; Satanás não tem direito a esse filho de Deus. Assim como rejeito firmemente toda atividade e tentação oculta, eu dependo fortemente do poder de Deus para vencer esses poderes da escuridão que querem se apoderar de mim. Eu rejeito qualquer influência espiritual que me conta mentiras sobre quem eu sou e a quem pertenço. Eu rejeito o Diabo, e ele terá que fugir. Não temo Satanás; agora, ele precisa ter medo de mim. Permaneço firme com o Senhor contra toda escravidão do meu passado. Seu sangue me cobre, e Satanás não ousa se aproximar — na verdade, nem pode. Não há espaço na minha vida para práticas do mal. Eu sou completamente um filho da luz, não da escuridão."

Ore acerca da promessa

Senhor, eu me arrependo de práticas ocultistas no meu passado. Eu as renuncio e repudio a escuridão que as acompanhava. Deus, sê minha fortaleza contra todos os esquemas de Satanás para me tentar. Obrigado pela tua poderosa libertação.

Não há espaço neutro no universo; cada centímetro quadrado, cada milésimo de segundo é reivindicado por Deus e por Satanás.

— C. S. Lewis

DEUS ME PROPORCIONA **OPORTUNIDADES** INESPERADAS

A Palavra de Deus

Enquanto temos oportunidade, façamos o bem a todos, especialmente aos da família da fé.

— GÁLATAS 6:10

Tenham cuidado com a maneira como vocês vivem; que não seja como insensatos, mas como sábios, aproveitando ao máximo cada oportunidade, porque os dias são maus. Portanto, não sejam insensatos, mas procurem compreender qual é a vontade do Senhor.

— EFÉSIOS 5:15-17

Sejam sábios no procedimento para com os de fora; aproveitem ao máximo todas as oportunidades.

— COLOSSENSES 4:5

A verdade

A oportunidade é a porta aberta de Deus. Não fique parado na entrada; entre e aproveite o que Deus está oferecendo.

Diga a verdade a si mesmo

"Eu avanço com Deus. Eu fico atento às suas portas abertas — suas oportunidades — para tomar o próximo passo em direção ao meu destino. Deus me mostrará cada oportunidade de forma tão clara que eu não a perderei. Eu terei coragem e passarei pela porta aberta com ousadia, ansioso para ver o que me espera do outro lado."

Ore acerca da promessa

Deus Pai, obrigado por seres o Deus de novas oportunidades. No meu emprego, na minha igreja, na minha família ou em algum outro lugar, eu as aceito. Quando encontro uma oportunidade, oro para ter certeza de que ela vem de ti, e então prossigo com confiança. Senhor, peço que continues abrindo mais portas para mim e que me concedas sabedoria para reconhecer as oportunidades e a capacidade de aproveitá-las ao máximo.

Deus está preparando seus heróis. E quando a oportunidade aparece, ele pode convocá-los imediatamente. E o mundo se perguntará de onde eles surgiram.

— A. B. Simpson

MEU **PASSADO** FICOU PARA TRÁS

A Palavra de Deus

"Esqueçam o que se foi;
não vivam no passado.
Vejam, estou fazendo uma coisa nova!
Ela já está surgindo! Vocês não a reconhecem?
Até no deserto vou abrir um caminho e riachos no ermo."

— ISAÍAS 43:18-19

Sabemos que Deus age em todas as coisas para o bem daqueles que o amam, dos que foram chamados de acordo com o seu propósito.

— ROMANOS 8:28

Irmãos, não penso que eu mesmo já o tenha alcançado, mas uma coisa faço: esquecendo-me das coisas que ficaram para trás e avançando para as que estão adiante, prossigo para o alvo, a fim de ganhar o prêmio do chamado celestial de Deus em Cristo Jesus.

— FILIPENSES 3:13-14

A verdade

Sucesso na vida significa aprender a nunca ter medo do passado — ou do futuro. O passado morreu. Não há vida no passado. Como então podemos permitir que algo morto há muito tempo domine nossa vida hoje? Precisamos parar de carregar o peso morto de um passado que já não existe mais. Deus avançou conosco para o hoje.

No entanto, existe um consolo que o passado pode nos dar. Podemos saber que uma das formas misteriosas de Deus operar consiste em sua habilidade de pegar o nosso passado — não importa quão triste e sórdido ele tenha sido — e transformá-lo em algo bom. O que antes eram pedras de tropeço, hoje são passos no nosso caminho. Se você tiver dúvidas, pergunte a alguns dos grandes fracassos da Bíblia: Abraão, Raabe, Davi, Moisés, Jonas e Pedro. Seus passados duvidosos deram espaço ao plano de Deus para futuros remidos.

Está na hora de parar de tocar a fita dos nossos erros passados e de reviver os sentimentos que trazem desespero e desesperança. Está na hora de levantar os olhos e avançar, confiando a Deus o que deixamos para trás.

Diga a verdade a si mesmo

"Meu passado se foi. Os pecados de ontem foram perdoados e esquecidos por Deus. Vivo no presente, olho com expectativa para o futuro. Não permito que meu passado influencie a alegria e o sucesso que Deus quer me dar agora. O que eu considero uma lembrança ruim pode ser usado por Deus para o meu bem. Eu não reviverei meu passado. Agora, ele pertence a Deus."

Ore acerca da promessa

Senhor, às vezes meus pecados pregressos voltam para me assombrar. Eu os lembro com dor, ou então o Inimigo os usa para me acusar e me convencer de que meu futuro está arraigado em meu passado. Mas, Senhor, meu verdadeiro futuro está arraigado não no que passou, mas em ti. Obrigado por retirares toda a dor do meu passado irreparável e por a deixares para trás. Agora ficarei livre dela — mesmo da pior (e tu a conheces, Senhor). Posso ter um futuro feliz firmemente ligado a ti.

⤳

Deixe o passado dormir, mas deixe-o dormir no seio de Cristo. Deixe o passado irreparável em suas mãos e parta para o futuro irresistível com ele.

— Oswald Chambers

EU ESPERAREI NO SENHOR COM PACIÊNCIA

A Palavra de Deus

Descanse no SENHOR e aguarde por ele com paciência.

— SALMOS 37:7

O homem paciente dá prova de grande entendimento,
mas o precipitado revela insensatez.

— PROVÉRBIOS 14:29

Alegrem-se na esperança, sejam pacientes na tribulação, perseverem na oração.

— ROMANOS 12:12

A verdade

Deus é paciente conosco. Nós também devemos ser pacientes enquanto ele organiza os detalhes das nossas vidas. Ele vê a pintura toda; nós vemos apenas as pinceladas de hoje. Espere e contemple a pintura inteira — em seu devido tempo. Há poder na paciência.

Diga a verdade a si mesmo

"Posso dizer durante o dia inteiro que confio em Deus, mas a prova é minha capacidade de esperar pacientemente pelo desdobramento de sua vontade em *seu* tempo, não no meu. Cedo a Deus o espaço e o tempo necessários para criar a obra-prima que é a minha vida. Sei que não há nenhuma coisa boa destinada para mim que não receberei. Basta eu orar, dar graças e esperar pela hora certa — pela hora de Deus. É muito melhor dar esse tempo a Deus para transformar-me em uma árvore forte do que permitir que eu cresça como um bambu, apenas para desaparecer após uma breve temporada."

Ore acerca da promessa

Senhor, tu tens algo em mente para mim que exige paciência da minha parte. Portanto, orarei, regozijarei e darei graças enquanto espero com paciência. Coisas boas virão para mim de tuas mãos. Demora o quanto precisar, Senhor. Eu esperarei.

Não há nada que comprove a genuinidade da fé de um homem quanto a sua paciência e sua perseverança, sua firmeza apesar de tudo.

— Martyn Lloyd-Jones

GRANDE PAZ TÊM AQUELES QUE PERTENCEM AO SENHOR

A Palavra de Deus

O SENHOR dá a seu povo a bênção da paz.

— SALMOS 29:11

Os que amam a tua lei desfrutam paz,
e nada há que os faça tropeçar.

— SALMOS 119:165

Tu guardarás em perfeita paz aquele cujo propósito está firme,
porque em ti confia.

— ISAÍAS 26:3

"Deixo-lhes a paz; a minha paz lhes dou. Não a dou como o
mundo a dá. Não se perturbem os seus corações, nem tenham
medo."

— JOÃO 14:27

Que a paz de Cristo seja o juiz em seus corações, visto que vocês
foram chamados a viver em paz, como membros de um só corpo.

— COLOSSENSES 3:15

A verdade

Paz não é a ausência de tensão. É a presença de Deus em meio à
tensão.

Diga a verdade a si mesmo

"Jesus me deixou a sua paz — uma paz que não pode ser encontrada no mundo — portanto, o estresse na minha vida não me afeta.

Deus opera em meu nome, e assim tenho paz hoje e em cada situação. A paz é minha companheira diária. Ela permanece comigo apesar do barulho ao meu redor. A paz de Jesus é a minha paz. Nada pode me estressar ou me deixar ansioso."

Ore acerca da promessa

Pai, tua Palavra promete grande paz àqueles que amam a tua lei. Tu dizes que nada pode fazê-los tropeçar. Tropeçador nato que sou, olho para Jesus como aquele que cumpriu a Lei por mim e, portanto, é o portador da paz.

Pai, tu dizes também que darás grande paz àqueles que mantêm sua mente focada em ti. Este, então, é o meu caminho para obter paz de espírito. Senhor, eu foco minha mente em ti em todas as circunstâncias.

Muitas pessoas estão tentando criar a paz, mas isso já foi feito. Deus não deixou isso como tarefa para nós. Tudo que precisamos fazer é entrar em sua paz.

— D. L. Moody

SOU BEM-AVENTURADO QUANDO PERSEGUIDO POR CAUSA DE CRISTO

A Palavra de Deus

"Bem-aventurados os perseguidos por causa da justiça, pois deles é o Reino dos céus. Bem-aventurados serão vocês quando, por minha causa os insultarem, perseguirem e levantarem todo tipo de calúnia contra vocês."

— MATEUS 5:10-11

"Eu lhes digo: Amem os seus inimigos e orem por aqueles que os perseguem."

— MATEUS 5:44

"Lembrem-se das palavras que eu lhes disse: nenhum escravo é maior do que o seu senhor. Se me perseguiram, também perseguirão vocês."

— JOÃO 15:20

Todos os que desejam viver piedosamente em Cristo Jesus serão perseguidos.

— 2 TIMÓTEO 3:12

A verdade

John Foxe, autor do clássico *O livro dos mártires* relata que a perseguição dos cristãos começou com Nero em 67 d.C. Desde então, os cristãos em algum lugar no mundo têm sido hostilizados por causa de sua fé, muitas vezes por antigos amigos e familiares próximos. A perseguição é algo que todo cristão deve esperar encontrar em algum momento de sua vida. É claro, em muitos países do mundo, cristãos são executados por causa de sua fé. A maioria de nós, porém, não viverá esse tipo de perseguição. Mas não importa o nível da perseguição, nossa reação deve sempre ser o regozijo. Pois quando somos perseguidos por causa da nossa fé, Jesus diz que somos abençoados. A perseguição refina e prova a nossa fé.

Diga a verdade a si mesmo

"Minha firme fé em Cristo inevitavelmente levará à perseguição em algum nível, seja por parte da família ou de amigos, na escola ou no emprego. Estou pronto para isso. Eu me alegrarei quando for ridicularizado ou menosprezado pela minha fé. O apóstolo Paulo foi um grande perseguidor da fé antes de conhecer Cristo. Oro para que alguns daqueles que me rejeitam e zombam da minha fé venham a conhecer Cristo. Até lá, nenhum tipo de perseguição poderá me separar daquele que foi perseguido e morto por causa dos meus pecados. É uma honra suportar as perseguições que eu viver, simplesmente pela alegria de estar seguindo os passos daquele que foi perseguido antes de mim — e de estar na companhia do meu Mestre, Amigo e Salvador. Eu aceito a rejeição e a perseguição como parte da minha herança como cristão, e criarei o hábito de orar pela Igreja perseguida em outras partes do mundo. Que Deus lhe dê sua abundante graça."

Ore acerca da promessa

Deus, oro por todos os cristãos no mundo que enfrentam perseguição. Fortalece-os em sua fé. Encoraja-os por meio do teu Espírito. Liberta-os da opressão. Salva-os da tortura. Acompanha-os em sua morte. Que sua coroa possa estar esperando por eles quando passarem para o céu. Quanto a mim, peço que minhas reações diante de perseguições pessoais possam ser reações divinas, não maliciosas ou odiosas — ou, pior ainda, de recuo diante daquilo que eu creio.

Estar certo com Deus significa muitas vezes estar errado com os homens.

— A. W. Tozer

EU ME COMPROMETO A AJUDAR OS **MAIS NECESSITADOS**

A Palavra de Deus

Aquele que oprime o pobre com isso despreza o seu Criador,
mas quem ao necessitado trata com bondade honra a Deus.

— PROVÉRBIOS 14:31

Quem trata bem os pobres empresta ao SENHOR,
e ele o recompensará.

— PROVÉRBIOS 19:17

Quem fecha os ouvidos ao clamor dos pobres
também clamará e não terá resposta.

— PROVÉRBIOS 21:13

Em Jope havia uma discípula chamada Tabita, que em grego é Dorcas, que se dedicava a praticar boas obras e dar esmolas.

— ATOS 9:36

Se alguém tiver recursos materiais e, vendo seu irmão em necessidade, não se compadecer dele, como pode permanecer nele o amor de Deus? Filhinhos, não amemos de palavra nem de boca, mas em ação e em verdade.

— 1JOÃO 3:17-18

A verdade

Jesus caminha por esta terra hoje. Ele se passa por pobre, doente e solitário. Quando servimos a estas pessoas, tocamos Jesus. As Escrituras chegam até a dizer que quando damos aos pobres, estamos emprestando a Deus. E inversamente, não importa há quanto tempo somos cristãos, mas no momento em que nos esquecemos dos pobres, nós nos empobrecemos espiritualmente.

Diga a verdade a si mesmo

"Os pobres sempre estiveram no coração de Deus, portanto, eu os guardarei também em meu coração. Em oração, sigo o exemplo de Deus para alcançá-los. Eu sou liberal, eu oro, eu ofereço minhas mãos e meus pés aos pobres. Ao fazê-lo, ofereço-os a Jesus. Eu nunca julgo os pobres ou os culpo por sua situação. Minha única preocupação é a preocupação do Senhor: que eles sejam lembrados e alimentados."

Ore acerca da promessa

Deus, dá-me um novo olhar para reconhecer os necessitados em minha volta. Eles são responsabilidade minha. Quando vejo as pessoas necessitadas, vejo também a ti em lugar delas.

$\backsim$

Como é o amor? Ele tem mãos que ajudam os outros. Ele tem pés que correm para os pobres e necessitados. Ele tem olhos que veem a miséria e necessidades. Ele tem os ouvidos que ouvem os suspiros e gemidos dos homens. Isso é amor.

— Agostinho de Hipona

O **LOUVOR** A DEUS ESTARÁ SEMPRE EM MEUS LÁBIOS

A Palavra de Deus

Proclamarei o nome do Senhor.
Louvem a grandeza do nosso Deus!

— Deuteronômio 32:3

O Senhor vive! Bendita seja a minha Rocha!
Exaltado seja Deus, a Rocha que me salva!

— 2Samuel 22:47

De madrugada partiram para o deserto de Tecoa. Quando estavam
saindo, Josafá lhes disse: "Escutem-me, Judá e povo de Jerusalém! Tenham fé no Senhor, o seu Deus, e vocês serão sustentados;
tenham fé nos profetas dele e vocês terão a vitória." Depois de
consultar o povo, Josafá nomeou alguns homens para cantarem
ao Senhor e o louvarem pelo esplendor de sua santidade, indo à
frente do exército, cantando:
  "Deem graças ao Senhor,
    pois o seu amor dura para sempre."
Quando começaram a cantar e a entoar louvores, o Senhor preparou emboscadas contra os homens de Amom, de Moabe e dos
montes de Seir que estavam invadindo Judá, e eles foram derro-
tados.

— 2 Crônicas 20:20-22

Aleluia!
Louvem a Deus no seu santuário,
louvem-no no seu poderoso firmamento.
Louvem-no pelos seus feitos poderosos,
louvem-no segundo a imensidão de sua grandeza!
Louvem-no ao som de trombeta,

louvem-no com a lira e a harpa,
louvem-no com tamborins e danças,
louvem-no com instrumentos de cordas e com flautas,
louvem-no com címbalos sonoros,
louvem-no com címbalos ressonantes.
Tudo o que tem vida louve o Senhor!
Aleluia!

— SALMOS 150

Por meio de Jesus, portanto, ofereçamos continuamente a Deus um sacrifício de louvor, que é fruto de lábios que confessam o seu nome.

— HEBREUS 13:15

Vocês, porém, são geração eleita, sacerdócio real, nação santa, povo exclusivo de Deus, para anunciar as grandezas daquele que os chamou das trevas para a sua maravilhosa luz.

— 1PEDRO 2:9

A verdade

Josafá conhecia o segredo da vitória. Ele enviou os cantores para que liderassem o exército. Enquanto adoravam ao Senhor com seus lábios, venceram fácil e completamente os invasores. Quando tivermos invasores em nossa vida, louvar a Deus nos conquistará a vitória. Em cada situação, nossos lábios devem proclamar o louvor de Deus. Temos muitas razões para louvá-lo. Muitas.

Diga a verdade a si mesmo

"Eu sou um adorador! Eu me alegro em adorar meu Deus com hinos e palavras. A cada dia, sua bondade me faz levantar e dar a ele o louvor e a glória que merece. Ele é a minha Rocha, minha torre de vigia, minha fortaleza. Meus louvores dão asas aos fardos da minha vida. Sempre louvarei o meu Deus!"

O poder das promessas de Deus   207

Ore acerca da promessa

Senhor, ajuda-me a lembrar de louvar-te sempre com meus lábios. É bom ficar na tua presença e louvar-te, sem querer nada de ti. Pois em momentos assim, não preciso de nada mais.

Se você tivesse mil coroas, você deveria colocá-las todas na cabeça de Cristo! E se você tivesse mil línguas, todas elas deveriam cantar o seu louvor, pois ele é digno.

— William Tiptaft

CREIO NO PODER DA ORAÇÃO

A Palavra de Deus

À tarde, pela manhã e ao meio-dia choro angustiado,
e ele ouve a minha voz.

— SALMOS 55:17

"Eu farei o que vocês pedirem em meu nome, para que o Pai seja glorificado no Filho. O que vocês pedirem em meu nome, eu farei."

— JOÃO 14:13-14

O Espírito nos ajuda em nossa fraqueza, pois não sabemos como orar, mas o próprio Espírito intercede por nós com gemidos inexprimíveis.

— ROMANOS 8:26

Dediquem-se à oração, estejam alertas e sejam agradecidos.

— COLOSSENSES 4:2

Esta é a confiança que temos ao nos aproximarmos de Deus: se pedirmos alguma coisa de acordo com a sua vontade, ele nos ouve. E se sabemos que ele nos ouve em tudo o que pedimos, sabemos que temos o que dele pedimos.

— 1JOÃO 5:14-15

Ao recebê-lo, os quatro seres viventes e os vinte e quatro anciãos prostraram-se diante do Cordeiro. Cada um deles tinha uma harpa e taças de ouro cheias de incenso, que são as orações dos santos.

— APOCALIPSE 5:8

A verdade

A Bíblia está repleta de advertências e encorajamentos referentes à oração. Ela nos instrui a orar sem cessar, a orar com persistência, a orar com fé, a orar pelas motivações certas, a orar com confiança, a orar em nome de Jesus, e assim em diante.

Não surpreende que a Bíblia valorize tanto a oração. A oração é nossa linha direta para Deus. É a dádiva do nosso Pai celestial para nós, nosso meio de comunicação com ele. A oração ocupa o centro da vida cristã. Quanto mais, então, deveríamos estar de joelhos, até prostrados com nossos rostos no chão, diante do nosso grande Deus?

A oração não é um ritual; é uma troca amorosa entre Pai e filho. Por que, então, deveríamos não orar? Especialmente se conhecermos o grande poder que nossas orações têm sobre as circunstâncias e as nossas vidas. Se faltar força à nossa vida, devemos nos perguntar se lhe falta também oração.

Diga a verdade a si mesmo

"Minhas orações têm poder porque o Deus do universo as ouve e responde a cada um dos meus pedidos. Diariamente elevo minha voz em ação de graças, louvor, adoração, petição e intercessão. Minhas orações alegram a Deus. Ele se alegra com minhas orações e me pede que ore muito, pedindo o que quero, assim como os filhos pedem ao pai aquilo que precisam ou desejam. A oração está no centro da minha vida. Eu vivo no espírito da oração!"

Ore acerca da promessa

Obrigado, Senhor, pela oração. Amo o fato de poder vir a tua presença a qualquer hora e em qualquer lugar e saber que tu me ouves e respondes à minha oração. Eu aposto tudo na minha vida em sua fidelidade. Que minhas orações possam ser um incenso suave para ti, ó Senhor.

〜

Eu vivo no espírito da oração. Eu oro quando caminho, quando me deito e quando me levanto. E as respostas sempre vêm. Milhares e milhares de vezes minhas orações têm sido respondidas. Quando tenho certeza de que determinada coisa é boa e serve para a glória de Deus, eu continuo orando por ela até a resposta vir. George Mueller nunca desiste!

— George Mueller

AS **PROMESSAS** DE DEUS VALEM MAIS DO QUE OURO

A Palavra de Deus

De todas as boas promessas do SENHOR à nação de Israel, nenhuma delas falhou; todas se cumpriram.

— JOSUÉ 21:45

A tua promessa foi plenamente comprovada,
e, por isso, o teu servo a ama.

— SALMOS 119:140

O Senhor é fiel em todas as suas promessas
e é bondoso em tudo o que faz.

— SALMOS 145:13

[Abraão] não duvidou nem foi incrédulo em relação à promessa de Deus, mas foi fortalecido em sua fé e deu glória a Deus, estando plenamente convencido de que ele era poderoso para cumprir o que havia prometido.

— ROMANOS 4:20-21

Quantas forem as promessas feitas por Deus, tantas têm em Cristo o "sim".

— 2CORÍNTIOS 1:20

Seu divino poder nos deu todas as coisas de que necessitamos para a vida e para a piedade, por meio do pleno conhecimento daquele que nos chamou para a sua própria glória e virtude. Dessa maneira, ele nos deu ele nos deu as suas grandiosas e preciosas promessas, para que por elas vocês se tornassem participantes da natureza divina e fugissem da corrupção que há no mundo, causada pela cobiça.

— 2PEDRO 1:3-4

A verdade

As promessas de Deus são pão para nós. Nós nos alimentamos delas. E Deus é fiel ao cumprir suas promessas. Aqueles que não acreditam nas promessas de Deus não podem desfrutá-las. Se não as estivermos vendo operando em nossas vidas, talvez não estejamos olhando com os olhos da fé.

Diga a verdade a si mesmo

"Deus me dá promessas na Palavra para que eu possa me tornar um cristão completamente amadurecido compartilhando de sua natureza divina, e assim escapando da corrupção do mundo. Deus me dá promessas que eu possa aplicar em minha vida, crendo nelas, dizendo-as, orando-as e vivendo-as. As promessas de Deus moldam meu ser e me dão confiança para enfrentar as privações. Para mim, as promessas divinas são mais preciosas que ouro. Jamais uma promessa de Deus falhou em minha vida, nem jamais falhará. Elas são a minha garantia para esta vida e a próxima."

Ore acerca da promessa

Pai amado, obrigado pelas tuas promessas na tua Palavra. Obrigado pelo fato de nenhuma delas ser quebrada, pois cada uma tem a garantia do teu caráter. Jamais usarei de tuas promessas como qualquer garantia; tampouco as usarei para propósitos egoístas, mas sempre as usarei de forma que te glorifique na minha vida. Mostra-me, Senhor, mais de suas promessas preciosas em tua Palavra, e eu farei bom uso delas.

᯾

As promessas de Deus não foram dadas para serem jogadas fora como lixo. Ele queria que fossem usadas. As promessas de Deus não são dinheiro de um pão-duro, mas foram feitas para serem gastas. Nada agrada a Deus mais do que ver suas promessas em circulação. Ele adora ver seus filhos apresentarem-nas a ele e dizerem: "Senhor, faz como disseste!" Nosso banqueiro celestial adora reembolsar seus próprios vales. Jamais permita que uma promessa enferruje. Desembainhe a espada e use-a com violência sagrada!

— Charles Spurgeon

DEUS SE AGRADA QUANDO EU SOU **PRÓSPERO**

A Palavra de Deus

Como é feliz aquele que não segue o conselho dos ímpios,
não imita a conduta dos pecadores,
nem se assenta na roda dos zombadores!
Ao contrário, sua satisfação está na lei do SENHOR,
e nessa lei medita dia e noite.
É como árvore plantada à beira de águas correntes:
Dá fruto no tempo certo e suas folhas não murcham.
Tudo o que ele faz prospera!

— SALMOS 1:1-3

O SENHOR o guiará constantemente;
satisfará os seus desejos numa terra ressequida pelo sol
e fortalecerá os seus ossos.
Você será como um jardim bem regado,
como uma fonte cujas águas nunca faltam.

— ISAÍAS 58:11

A verdade

O cristão não mede a prosperidade em termos de bens materiais, mas em termos de como ele está realizando o propósito de Deus. Há frutos na sua vida? O fruto é a medida da prosperidade de Deus.

Diga a verdade a si mesmo

"Deus é a fonte da minha prosperidade. Eu me deleito em sua lei, por isso, sou como uma árvore plantada à beira de águas correntes. Dou fruto na estação devida; minhas folhas não murcham — e qualquer coisa que eu fizer, prosperará."

Ore acerca da promessa

Senhor Deus, sozinho eu fracassaria em tudo que faço. Mas confiando em tuas promessas, prospero. Obrigado pelo lugar em que me plantaste — à beira da água viva, que me nutre e produz frutos na vida — frutos abundantes. Senhor, quero que minha prosperidade transborde e inunde a vida das pessoas em minha volta.

Quando um homem se torna cristão, ele se torna produtivo, confiável e próspero.

— John Wesley

ESTOU **SEGURO** NAS MÃOS DE DEUS

A Palavra de Deus

O Senhor é a minha rocha,
a minha fortaleza e o meu libertador;
o meu Deus é o meu rochedo, em quem me refugio.
Ele é o meu escudo e o poder que me salva, a minha torre alta.

— Salmos 18:2

Tu és o meu abrigo; tu me preservarás das angústias
e me cercarás de canções de livramento.

— Salmos 32:7

Aquele que habita no abrigo do Altíssimo
e descansa à sombra do Todo-poderoso
pode dizer ao Senhor:
"Tu és o meu refúgio e a minha fortaleza,
o meu Deus, em quem confio."
Ele o livrará do laço do caçador e do veneno mortal.
Ele o cobrirá com as suas penas,
e sob as suas asas você encontrará refúgio;
a fidelidade dele será o seu escudo protetor.
Você não temerá o pavor da noite, nem a flecha que voa de dia,
nem a peste que se move sorrateira nas trevas,
nem a praga que devasta ao meio-dia.
Mil poderão cair ao seu lado,
dez mil à sua direita, mas nada o atingirá.
Você simplesmente olhará, e verá o castigo dos ímpios.
Se você fizer do Altíssimo o seu refúgio, nenhum mal o atingirá,
desgraça alguma chegará à sua tenda.
Porque a seus anjos ele dará ordens a seu respeito,
para que o protejam em todos os seus caminhos;

com as mãos eles o segurarão,
para que você não tropece em alguma pedra.
Você pisará o leão e a cobra;
pisoteará o leão forte e a serpente.
"Porque ele me ama, eu o resgatarei;
eu o protegerei, pois conhece o meu nome.
Ele clamará a mim, e eu lhe darei resposta,
e na adversidade estarei com ele;
vou livrá-lo e cobri-lo de honra.
Vida longa eu lhe darei,
e lhe mostrarei a minha salvação."

— Salmos 91

O Senhor o protegerá de todo o mal,
protegerá a sua vida.

— Salmos 121:7

"Pai santo, protege-os em teu nome, o nome que me deste, para que sejam um, assim como somos um."

— João 17:11

A verdade

A necessidade de se sentir protegido do perigo ou do desconhecido é uma reação natural. Ninguém precisa aprender a ter medo. Mas todos nós precisamos aprender a não ter medo. A fé em suas promessas é o método pelo qual Deus quer que aprendamos a confiar em sua proteção. Há muitas promessas de proteção na Bíblia, mas a mina de ouro delas talvez seja o Salmo 91. Todos nós faríamos bem se decorássemos este salmo, para que ele esteja nos nossos lábios em tempos de necessidade. Ele nos lembra de que, quando o perigo estiver próximo, Deus está ainda mais próximo.

Diga a verdade a si mesmo

"Não temerei o perigo. Deus está sempre comigo, mesmo nas situações mais escuras. Ele me cercou de proteção de forma que ninguém — nem mesmo Satanás — possa me alcançar. Deus está sempre

O poder das promessas de Deus   217

alerta a perigos iminentes e me adverte ou me protege sem que eu o perceba. Com a proteção de Deus, estou seguro."

Ore acerca da promessa

Ó Deus, quem me protegerá contra o perigo? Somente tu! Tu és meu escudo contra tudo que possa me machucar. Tu me proteges contra as flechas do inimigo, atiradas contra mim na forma de situações perigosas. Aproxima-me de ti. Aproxima-me mais ainda.

Certo dia, após uma longa viagem, eu estava descansando na frente da minha casa. De repente, um pardal veio em minha direção, levado pelo forte vento. De outra direção, aproximava-se uma águia para capturar o pássaro em pânico. Ameaçado de diferentes direções, ele voou para o meu colo. Normalmente, ele não faria isso. No entanto, o pequeno pássaro estava precisando refugiar-se de um grande perigo. Da mesma forma, o forte vento do sofrimento e das dificuldades também nos carregam para as mãos protetoras do Senhor.

— Sadhu Sundar Singh

EU POSSO SER **REJEITADO** NA TERRA, MAS CRISTO ME ACEITA

A Palavra de Deus

O próprio SENHOR irá à sua frente e estará com você; ele nunca o deixará, nunca o abandonará. Não tenha medo! Não se desanime!

— DEUTERONÔMIO 31:8

Por causa de seu grande nome o SENHOR não os rejeitará, pois o SENHOR teve prazer em torná-los o seu próprio povo.

— 1SAMUEL 12:22

Ainda que me abandonem pai e mãe,
o SENHOR me acolherá.

— SALMOS 27:10

O SENHOR ama quem pratica a justiça,
e não abandonará os seus fiéis.

— SALMOS 37:28

"Haverá mãe que possa esquecer do seu bebê que ainda mama
e não ter compaixão do filho que gerou?
Embora ela possa se esquecer, eu não me esquecerei de você!
Veja, eu gravei você nas palmas das minhas mãos;
seus muros estão sempre diante de mim."

— ISAÍAS 49:15-16

A verdade

Rejeição dói extremamente. Algumas pessoas jamais se recuperam completamente de uma rejeição. Creio que, em algum momento, todos nós a sofremos de alguma forma. No entanto, é a nossa reação que revela de que material nós somos feitos. Nós a mantemos viva, cedendo-lhe poder sobre nós, ou a rejeitamos?

Às vezes, nossas experiências de rejeição aconteceram há muitos anos, talvez até em nossa infância, e deixaram cicatrizes que levamos até a idade adulta. Às vezes, somos rejeitados já adultos pelo cônjuge, ou por algum amigo em que confiávamos. Podemos até ser rejeitados por cristãos que conhecíamos e em quem confiávamos há anos. Aqui na terra, a rejeição pode ocorrer em qualquer lugar. Mas entre o povo de Deus, não deveria haver medo de rejeição, uma vez que entendemos que ele jamais nos abandonará. Nosso amor e nossa aceitação por Deus deveriam curar (e curará) qualquer rejeição terrena que soframos. Afinal de contas, seguimos ao Homem que sofreu a pior das rejeições.

Diga a verdade a si mesmo

"A rejeição dói. Conheço essa dor por experiência própria. Mas em Cristo, não sou rejeitado, nem jamais serei. Sou plenamente aceito. Deus me diz que ele 'teve prazer' em tornar-me seu. Isso é o oposto da rejeição: é a aceitação total sem condições. Ele teve prazer de tornar-me seu! Ah, quantas feridas causadas pela rejeição essa promessa cura. O próprio Cristo conheceu a rejeição. 'Veio para os que eram seus, mas os seus não o receberam' (João 1:11). Ele conhece a dor aguda de ser rejeitado pelo seu próprio povo. No entanto, ele não odiou aqueles que o rejeitaram. Mesmo assim, ele os amou. Da mesma forma, perdoo e aceito aqueles que me rejeitaram. E amo aqueles que foram rejeitados por outros. Conhecendo a dor da rejeição, tenho o cuidado de não dizer ou fazer nada que outros — especialmente crianças ou entes queridos — possam interpretar como rejeição. Abro meu coração para todos."

Ore acerca da promessa

Pai, ninguém nesta terra conheceu uma rejeição tão profunda quanto tu. Tanto em teu desejo de ser um pai para todos, mas também na pessoa de teu Filho Jesus. Seu exemplo de perdão — "Pai, perdoa-lhes, pois não sabem o que estão fazendo" — me mostra o quanto tu perdoas, Senhor. Obrigado por me aceitares — por me aceitares propositalmente. O fato de eu ser aceito por ti cura as minhas feridas, Senhor.

A resposta à rejeição é a aceitação. A aceitação humana, porém, não cura as emoções feridas após a rejeição ter feito seu serviço sujo. Ela ajuda, e muitas vezes é a única ajuda disponível, mas a experiência de ser aceito por Cristo é o único curativo verdadeiro.

— Charles R. Solomon

O **ARREPENDIMENTO** ME LIBERTA
PARA AVANÇAR EM CRISTO

A Palavra de Deus

Desvie-se do mal e faça o bem;
e você terá sempre onde morar.

— SALMOS 37:27

"Arrependam-se, pois, e voltem-se para Deus, para que os seus pecados sejam cancelados."

— ATOS 3:19

Vejam o que esta tristeza segundo Deus produziu em vocês: que dedicação, que desculpas, que indignação, que temor, que saudade, que preocupação, que desejo de ver a justiça feita! Em tudo vocês se mostraram inocentes a esse respeito.

— 2CORÍNTIOS 7:10

A verdade

O arrependimento é uma transformação da mente, uma meia-volta. Quando nos afastamos ou nos arrependemos do pecado, voltamo-nos simultaneamente para outra coisa. Essa outra coisa é outra Pessoa. Em outras palavras: afastar-se do pecado significa voltar-se para Deus. O arrependimento é, muitas das vezes, a cura que buscamos para muitos dos nossos problemas. Às vezes o arrependimento é a única chave para abrir a porta que nos mantém presos.

Diga a verdade a si mesmo

"Eu tenho um coração arrependido pelos muitos pecados do meu passado. Agora, o odeio e me afasto dele no instante em que sinto o desejo de praticá-lo. Ao afastar-me dele, eu me volto para Deus. Voltado para ele, dou as costas aos meus desejos pecaminosos. Jamais precisarei dar outra meia-volta para regressar ao pecado que deixei para trás. Mantenho meu olhar em Cristo, e minha vida antiga, da qual me arrependo totalmente, ficou para trás."

Ore acerca da promessa

Senhor, tu sabes que já não desejo mais meus pecados. Eu me arrependi, me afastei deles e me voltei para ti. Que meu coração esteja alerta à tentação do pecado, rejeitando-a no momento em que ela aparece na minha vida.

↩

O homem nasce com sua face desviada de Deus. Quando ele se arrepende verdadeiramente, ele se volta para Deus. Ele abandona sua vida antiga.

— D. L. Moody

MINHAS PROVAÇÕES NÃO ME VENCERÃO. TENHO PERSEVERANÇA EM CRISTO

A Palavra de Deus

Ainda que o justo caia sete vezes, tornará a erguer-se,
mas os ímpios são arrastados pela calamidade.

— Provérbios 24:16

Sei o que é passar necessidade e sei o que é ter fartura. Aprendi o segredo de viver contente em toda e qualquer situação, seja bem alimentado, seja com fome, tendo muito, ou passando necessidade.

— Filipenses 4:12

A verdade

Encaramos muitas derrotas possíveis na vida, à medida em que as circunstâncias e decisões ruins cobram seu preço. Mas em Cristo deixamos nossos fracassos para trás. Persistência é nossa herança. Pergunte a Pedro. Após sua amarga negação de Cristo — uma atitude que encerraria o ministério de muitos cristãos — Pedro chorou e depois avançou para ser usado maravilhosamente por Deus. Ele não permitiu que sua derrota pessoal escrevesse o final de sua história. Nós também não devemos permitir isso. Ao contrário, devemos ter a determinação e a persistência de levantar e avançar.

Diga a verdade a si mesmo

"Eu sou um sobrevivente. Sofri muitas derrotas na minha vida, mas Deus me levantou de todas elas. Sim, resisto em Cristo. Nada pode me derrubar ou me manter no chão. Eu posso tropeçar sete vezes, mas eu me levantarei novamente cada vez mais forte. Não temo meus tropeços; eles me lançam para frente de uma forma que só entende quem já tropeçou. Eu agradeço a Deus pelo espírito persistente que ele me deu."

Ore acerca da promessa

Louvado sejas, Pai, pela persistência que tu me deste. Mesmo que eu tropece, tu me pegas pela mão e sacodes a poeira, e eu continuo em teu amor e cuidado. Permaneço no caminho, Senhor, não importam quantas pedras de tropeço surjam na minha frente. Eu não temo mais o tropeço, enquanto tu estiveres comigo.

Nos lugares onde ocorrem as tempestades mais fortes, encontramos também as árvores mais resistentes.

— Hudson Taylor

EU **DESCANSO** EM CRISTO

A Palavra de Deus

"Eu mesmo o acompanharei, e lhe darei descanso."

— ÊXODO 33:14

Assim diz o Senhor: "Ponham-se nas encruzilhadas e olhem; perguntem pelos caminhos antigos, perguntem pelo bom caminho. Sigam-no e acharão descanso. Mas vocês disseram: 'Não seguiremos!'"

— JEREMIAS 6:16

"Venham a mim, todos os que estão cansados e sobrecarregados, e eu lhes darei descanso. Tomem sobre vocês o meu jugo e aprendam de mim, pois sou manso e humilde de coração, e vocês encontrarão descanso para as suas almas. Pois o meu jugo é suave e o meu fardo é leve."

— MATEUS 11:28-30

Ainda resta um descanso sabático para o povo de Deus; pois todo aquele que entra no descanso de Deus, também descansa das suas obras, como Deus descansou das suas.

— HEBREUS 4:9-10

A verdade

Um dos convites mais prazerosos de todos os tempos é este: "Venham a mim, todos os que estão cansados e sobrecarregados, e eu lhes darei descanso. Tomem sobre vocês o meu jugo e aprendam de mim, pois sou manso e humilde de coração, e vocês encontrarão descanso para as suas almas. Pois o meu jugo é suave e o meu fardo é leve." Eu aceitei esse convite para descansar. E você?

Diga a verdade a si mesmo

"No passado, trabalhei duro para agradar a Deus. Agora eu o agrado descansando em Cristo. Descanso em sua obra consumada por mim. Descanso em seu poder, em seu conforto, em seu amor por mim. Jamais buscarei as coisas que só posso ter por meio do descanso verdadeiro em Cristo. Em seu descanso, encontro alívio para fazer a sua vontade. Estou em paz."

Ore acerca da promessa

Senhor, tu providencias descanso aos exaustos — descanso do nosso trabalho, de todas as nossas ambições, de nosso estresse do dia a dia. Quando descanso em ti, encontro paz e alegria plenas.

A cada pecador com fardo pesado, Jesus diz: "Venha até mim e descanse." Mas há também muitos cristãos que carregam um fardo pesado. O convite vale também para eles. Observe as palavras de Jesus se você estiver sofrendo sob o peso de seu serviço e não as entenda errado. Elas não dizem: "Vá, continue trabalhando", como talvez você imagine. Pelo contrário, elas dizem: "Pare. Venha e descanse." Jamais Cristo enviou uma pessoa sobrecarregada ao trabalho. Nunca ele enviou uma pessoa com fome, uma pessoa preocupada, uma pessoa doente ou triste para que fizesse a sua obra. A estas, a Bíblia diz apenas: "Venha, venha, venha."

— J. Hudson Taylor

EU SIRVO A UM DEUS QUE TRAZ **RESTAURAÇÃO**

A Palavra de Deus

Tu, que me fizeste passar muitas e duras tribulações,
restaurarás a minha vida,
e das profundezas da terra de novo me farás subir.

— SALMOS 71:20

"Vou compensá-los pelos anos de colheitas que os gafanhotos destruíram."

— JOEL 2:25

O Deus de toda a graça, que os chamou para a sua glória eterna em Cristo Jesus, depois de terem sofrido durante pouco de tempo, os restaurará, os confirmará, lhes dará forças e os porá sobre firmes alicerces.

— 1PEDRO 5:10

A verdade

Você costuma estragar as coisas? Todos nós fazemos isso em alguma medida. E Jesus é o carpinteiro-mestre especializado em restauração. Ele sempre está à procura de alguma vida danificada para restaurá-la. Seu primeiro projeto foi Pedro, quando o pescador o negou. No final, tudo deu certo. O mesmo vale para a sua restauração.

Diga a verdade a si mesmo

"Com Cristo, cada manhã é um novo começo. Aquilo que estraguei ontem está sendo restaurado hoje. Jesus Cristo é o Restaurador Mestre. Ele pega aquilo que os gafanhotos roubaram de mim e o restaura prontamente. Nele, sou renovado constantemente. Perpetuamente restaurado, perpetuamente completo em Cristo."

Ore acerca da promessa

Deus, tu conheces os projetos na minha vida que precisam ser restaurados, pois eu sou muito bom em estragar as coisas. Por favor, faze as manhãs novas continuarem a vir, repletas de tuas novas misericórdias, e reabastece aquilo que os gafanhotos da vida roubaram de mim.

A maioria das leis condena a alma e profere a sentença. O resultado da lei do meu Deus é perfeito. Ela condena, mas perdoa. Ela restaura — abundantemente — aquilo que ela me tira.

— Jim Elliot

EU VIVO NA ESPERANÇA DO **RETORNO DE CRISTO**

A Palavra de Deus

"Vigiem, porque vocês não sabem em que dia virá o seu Senhor."
— MATEUS 24:42

Eles disseram: "Galileus, por que vocês estão olhando para o céu? Este mesmo Jesus, que dentre vocês foi elevado ao céu, voltará da mesma forma como o viram subir."
— ATOS 1:11

Em breve, muito em breve "Aquele que vem virá, e não demorará".
— HEBREUS 10:37

Sejam também pacientes e fortaleçam o coração, pois a vinda do Senhor está próxima.
— TIAGO 5:8

"Eis que venho em breve! A minha recompensa está comigo, e eu retribuirei a cada um de acordo com o que fez. Eu sou o Alfa e o Ômega, o Primeiro e o Último, o Princípio e o Fim."
— APOCALIPSE 22:12-13

A verdade

Pode uma pessoa sensata considerar tudo que as Escrituras dizem sobre o retorno de Cristo e duvidar de que isso acontecerá como foi prometido? Cristo retornará, mas ninguém conhece o dia nem a hora. Não precisamos saber a data de seu retorno para estarmos preparados. A beleza de não sabê-la mantém vivo o desejo de aguardar o retorno do Amado. Esta é a nossa bendita esperança para o futuro.

Diga a verdade a si mesmo

"Eu sigo as advertências das Escrituras em relação a estar preparado para o retorno de Cristo. Não dou atenção aos que zombam e negam seu retorno iminente. Eles terão que responder por si mesmos. Minha resposta é simplesmente estar preparado caso ele venha ainda hoje."

Ore acerca da promessa

Vem depressa, Senhor Jesus!

Cristo está conosco até o fim do mundo. Portanto, que seu pequeno rebanho seja ousado.

— William Tyndale

SOU **SALVO** PELA FÉ EM JESUS CRISTO

A Palavra de Deus

Aos que o receberam, aos que creram em seu nome, [Jesus] deu-lhes o direito de se tornarem filhos de Deus.

— João 1:12

Se você confessar com a sua boca que Jesus é Senhor e crer em seu coração que Deus o ressuscitou dentre os mortos, será salvo. Pois com o coração se crê para justiça, e com a boca se confessa para salvação.

— Romanos 10:9-10

Todo aquele que invocar o nome do Senhor será salvo.

— Romanos 10:13

A verdade

A salvação — salvar pessoas da condenação — é o plano expresso de Deus. Ele soube desde sempre que precisaríamos de um Redentor. E já que foi Deus quem desenvolveu o plano da salvação, é um plano infalível que não pode ser frustrado, mudado, reorganizado ou anulado. Segundo este plano maravilhosamente elaborado, todos que creem e confiam em Cristo serão salvos. Se você se entregou a Cristo, você está salvo e não será condenado.

Jamais confie em seus sentimentos como base para sua salvação. Sentimentos não nos salvam; apenas a fé em Cristo nos salva. Sempre se lembre de que ser cristão é uma coisa milagrosa. Nascer de novo lá do alto? Viver diariamente no poder do Santo Espírito de Deus? Orar a um Deus que ouve e que nos convida a estar com ele? Como essas coisas podem não ser um milagre? Precisamos nos lembrar diariamente da nossa grande salvação.

Regozije-se em seu *status* como filho de Deus. Agradeça-o diariamente por seu amor evidenciado nos fatos de que ele o salvou e de que o mérito pertence a ele, não a você.

Diga a verdade a si mesmo

"Porque eu creio em Jesus Cristo — e que ele morreu por meus pecados — eu tenho a vida eterna. Eu reconheço que meu futuro como cristão está garantido por causa da minha fé em Cristo. Eu possuo agora a vida eterna que Deus dá de graça a todos que creem em Cristo. Visto que essa vida é eterna, ela não pode ser perdida. Sim, sou salvo verdadeiramente. *Está consumado.*"

Ore acerca da promessa

Senhor, sei que minha salvação é completamente obra tua. Sei muito bem que eu não mereço este presente, mas creio que é meu por causa da morte de Cristo na cruz pelos meus pecados. Obrigado, Senhor, por este presente maravilhoso!

É nosso privilégio sabermos que somos salvos.

— D. L. Moody

EU SUPERO CADA ATAQUE SATÂNICO PELA FORÇA DE CRISTO

A Palavra de Deus

"Não rogo que os tires do mundo, mas que os protejas do Maligno."

— João 17:15

Não deem lugar ao Diabo.

— Efésios 4:27

Vistam toda a armadura de Deus, para poderem ficar firmes contra as ciladas do Diabo... Além disso, usem o escudo da fé, com o qual vocês poderão apagar todas as setas inflamadas do Maligno.

— Efésios 6:11,16

Submetam-se a Deus. Resistam ao Diabo, e ele fugirá de vocês.

— Tiago 4:7

Sejam sóbrios e vigiem. O Diabo, o inimigo de vocês, anda ao redor como leão, rugindo e procurando a quem possa devorar.

— 1Pedro 5:8

A verdade

Satanás ainda está ativo na terra, procurando devorar quem quer que encontre, contando-lhe mentiras sobre Deus e os homens. Ele sabe que você foi criado para grandes coisas e quer impedir que isso aconteça. Reconhecer as mentiras de Satanás e resistir aos seus ataques nos torna mais fortes e nos capacita realizar o plano que Deus tem para nós. Somos invencíveis diante dos ataques satânicos quando nos revestimos com a armadura de Deus.

Diga a verdade a si mesmo

"Não tenho medo de Satanás. Ele foi derrotado, e Deus me deu as promessas necessárias para resistir às suas tentações. Mesmo que ele tente me enganar com suas tramas, com o orgulho e com mentiras sobre meu valor, eu reconheço suas táticas. A verdade de Deus sempre vence as mentiras de Satanás. Para derrotar Satanás quando ele me ataca, faço o seguinte:

- Permaneço alerta e sóbrio.
- Resisto às tentações pecaminosas.
- Submeto-me a Deus e resisto ao Diabo.
- Visto a armadura de Deus (veja Efésios 6).
- Não cedo espaço ao Inimigo por meio do ódio.
- Eu me firmo na Palavra de Deus.
- Caminho no poder do Espírito Santo."

Ore acerca da promessa

Senhor Deus, obrigado pela "armadura" que me garante a vitória completa sobre os ataques de Satanás. Permaneço firme em minha vida em Cristo e vejo como ele destrói as obras e as tramas do Diabo.

⌐

O cristão triunfante não luta pela vitória; ele celebra a vitória já conquistada.

— Reginald Wallis

MINHA **AUTOESTIMA** SE BASEIA NO AMOR DE CRISTO POR MIM

A Palavra de Deus

Criou Deus o homem à sua imagem, à imagem de Deus o criou; homem e mulher os criou.

— Gênesis 1:27

Protege-me como à menina dos teus olhos; / esconde-me à sombra das tuas asas.

— Salmos 17:8

Tu criaste o íntimo do meu ser
e me teceste no ventre de minha mãe.
Eu te louvo porque me fizeste de modo especial e admirável.
Tuas obras são maravilhosas!
Disso tenho plena certeza.

— Salmos 139:13-14

O Senhor, o seu Deus, está em seu meio, poderoso para salvar. Ele se regozijará em você, com o seu amor a renovará, ele se regozijará em você com brados de alegria.

— Sofonias 3:17

"Não se vendem dois pardais por uma moedinha? Contudo, nenhum deles cai no chão sem o consentimento do Pai de vocês. Até os cabelos da cabeça de vocês estão todos contados. Portanto, não tenham medo; vocês valem mais do que muitos pardais!"

— Mateus 10:29-31

Somos criação de Deus realizada em Cristo Jesus para fazermos boas obras, as quais Deus preparou de antemão para que nós as praticássemos.

— Efésios 2:10

A verdade

Nossa autoestima, autoconfiança e identidade provêm do fato de que somos criados à imagem de Deus. Somos como ele nesse sentido. Somos o clímax da criação de Deus na terra. Não somos coleções aleatórias de células, carne e ossos. Nosso espírito testifica o fato de que viemos de Deus e que fomos criados para a sua glória. Bem-aventurados os cristãos que aceitam sua nova identidade como criaturas únicas de Deus.

Diga a verdade a si mesmo

"Sou criação de Deus, feito à sua imagem para fazer grandes coisas. Os traços do meu Pai celestial estão gravados em meu espírito. Eu tenho o poder de amar, curar, propagar as Boas-novas e criar coisas lindas, e ao fazê-lo, proclamar a glória de Deus. Meu Pai celestial se alegra em mim e regozija-se comigo em cânticos. Ele me criou como objeto de seu amor. Pelo fato de eu ser tão especial para Deus, não tenho dúvidas quanto ao meu valor real. Eu posso me amar porque Deus me ama."

Ore acerca da promessa

Pai amado, como posso te agradecer por me amares? Primeiro, teu amor foi manifestado ao criar-me no ventre da minha mãe. Depois, teu amor me seguiu diariamente até o dia em que te encontrei. Então, até mesmo em meus tempos de teimosia, tu permaneceste do meu lado. Tu sabias que havia valor em mim. Na verdade, um valor igual à vida do teu Filho. Senhor, obrigado por quem eu sou. Eu te insultaria se quisesse ser outra pessoa, portanto, obrigado por teres me feito assim, um vaso de barro em que tu investiste tua vida e teu amor.

Os problemas emocionais de uma missionária tiveram um impacto negativo sobre seu ministério e o de seu marido. Eles deixaram a missão após quase vinte anos, e ela veio pedir ajuda. Ao investigar seu caso, o conselheiro espiritual descobriu que, quando a mulher ainda era criança, seu pai lhe disse que ela não valia a comida que consumia, e assim, é claro, ela se sentiu. O conselheiro lhe disse: "Seu pai terreno lhe diz que você não vale o que come; seu Pai celestial lhe diz que você vale tanto quanto seu Filho. Agora: qual será o fundamento para a sua identidade a partir de hoje?"

— Charles R. Solomon

O SERVIÇO É O VERDADEIRO DISTINTIVO DE UM SEGUIDOR DE CRISTO

A Palavra de Deus

"O maior entre vocês deverá ser servo."

— MATEUS 23:11

Assentando-se, Jesus chamou os Doze e disse: "Se alguém quiser ser o primeiro, será o último, e servo de todos."

— MARCOS 9:35

Irmãos, vocês foram chamados para a liberdade. Mas não usem a liberdade para dar ocasião à vontade da carne; pelo contrário, sirvam uns aos outros mediante o amor. Toda a lei se resume num só mandamento: "Ame o seu próximo como a si mesmo."

— GÁLATAS 5:13-14

Cada um exerça o dom que recebeu para servir aos outros, administrando fielmente a graça de Deus em suas múltiplas formas.

— 1PEDRO 4:10

A verdade

Se realmente quisermos ser como Jesus, serviremos uns aos outros. Foi isso que ele veio fazer e nos ensinar. Servir aos outros é servir a Cristo.

Diga a verdade a si mesmo

"Existe um poder curador no serviço, pois desvia meus pensamentos de mim mesmo e os concentra nas necessidades dos outros. Servir significa dar-me aos outros. Deus me leva a lugares de serviço onde eu posso oferecer alegria aos tristes, felicidade aos infelizes ou ajuda concreta aos necessitados. Eu encontro meu lugar no corpo de Cristo como servo. Quanto mais eu sirvo, mais eu reflito Cristo que veio para ser um servo. Eu adoro seguir os seus passos."

Ore acerca da promessa

Obrigado, Senhor, por abrires meus olhos para as necessidades dos outros, por abrires meus ouvidos para seus gritos e pores meus pés que me levam até eles. Ensina-me a servir, não a ser servido.

Senhor Jesus, eu me ofereço a teu povo. De qualquer maneira. A qualquer hora.

— Corrie ten Boom

SEXUALIDADE SAUDÁVEL É UM PRESENTE DE DEUS

A Palavra de Deus

[Vocês devem] abster-se [...] da imoralidade sexual.
— Atos 15:29

Comportemo-nos com decência, como quem age à luz do dia, não em orgias e bebedeiras, não em imoralidade sexual e depravação.
— Romanos 13:13

Fujam da imoralidade sexual. Todos os outros pecados que alguém comete, fora do corpo os comete; mas quem peca sexualmente, peca contra o seu próprio corpo.
— 1Coríntios 6:18

Não pratiquemos imoralidade.
— 1Coríntios 10:8

Entre vocês não deve haver nem sequer menção de imoralidade sexual.
— Efésios 5:3

A vontade de Deus é que vocês [...] se abstenham da imoralidade sexual.
— 1Tessalonicenses 4:3

A verdade

Sexo, como criado por Deus, deve ser valorizado e desfrutado por duas pessoas que ele uniu. Hoje em dia, em muitas culturas modernas o sexo tem sido corrompido e afastado do plano original de Deus. Muitas pessoas, inclusive alguns cristãos, estão presas na busca pelo prazer

O poder das promessas de Deus   241

sexual, motivadas pelo desejo, apenas para descobrir que é uma droga que nunca satisfaz. No entanto, o plano de Deus para a expressão sexual jamais falha. Cristãos casados com uma vida sexual saudável não só desfrutam de sexo santificado, mas também rejeitam as aberrações sexuais do mundo, inclusive encontros sexuais casuais, pornografia, adultério, sexo antes do casamento e muitas outras formas de licenciosidade sexual, que privam as pessoas do prazer sexual criado por Deus.

Diga a verdade a si mesmo

"A Palavra de Deus é clara: a imoralidade sexual deve ser evitada a qualquer custo. Eu respeito a dádiva do sexo e sei que o desejo sexual é algo criado por Deus. No entanto, devido à minha natureza caída, sou exposto a tentações. Mesmo assim, não me envolvo em atividades sexuais pecaminosas que diminuem o milagre do sexo criado por Deus. Em vez disso, respeito os limites impostos por Deus à atividade sexual. Não busco encontros sexuais a não ser com meu cônjuge. [Se você é solteiro:] Manterei meus desejos sexuais sob controle até o dia em que Deus me apresentar uma pessoa para eu me casar. Eu rejeito qualquer sexualidade prejudicial que o mundo busca — apenas para a decepção. Uma vida sexual saudável é um benefício de seguir a Cristo, e eu desejo viver uma vida sexual saudável e plena."

Ore acerca da promessa

Senhor, existe alguma coisa que tu criaste que tenha causado mais problemas à humanidade do que a corrupção do desejo sexual? Tantas vidas são arruinadas por isso. A minha não será uma delas. Deus, confio a ti a satisfação dos meus desejos sexuais. Não agirei sexualmente fora dos limites da vida matrimonial. Eu serei fiel ao cônjuge que tu me deste. Não permitirei que pornografia ou qualquer outra forma de sexualidade corrompida destrua a minha vida. Pai, usa minha sexualidade para glorificar o teu nome.

$\backsim$

A reprodução da humanidade é um grande milagre e mistério. Se Deus tivesse me consultado sobre este assunto, eu teria lhe dado o conselho de continuar a geração da nossa espécie por meio da argila.

— Martinho Lutero

CRISTO ME DÁ VITÓRIA SOBRE O **PECADO**

A Palavra de Deus

Tu bem sabes como fui insensato, ó Deus;
a minha culpa não te é encoberta.

— SALMOS 69:5

Quem esconde os seus pecados não prospera,
mas quem os confessa e os abandona encontra misericórdia.

— PROVÉRBIOS 28:13

Que o ímpio abandone seu caminho,
e o homem mau, os seus pensamentos.
Volte-se ele para o SENHOR, que terá misericórdia dele;
volte-se para o nosso Deus, pois ele perdoará de bom grado.

— ISAÍAS 55:7

Todos pecaram e estão destituídos da glória de Deus.

— ROMANOS 3:23

O pecado não os dominará, porque vocês não estão debaixo da lei,
mas debaixo da graça.

— ROMANOS 6:14

Nós, uma vez que estamos rodeados por tão grande nuvem de testemunhas, livremo-nos de tudo o que nos atrapalha e do pecado que nos envolve, e corramos com perseverança a corrida que nos é proposta.

— HEBREUS 12:1

O poder das promessas de Deus   243

A verdade

O pecado é o que separa as pessoas de Deus. A única e plena solução para ele é Jesus Cristo. O pecado precisa ser enfrentado desde cedo. Pecados não solucionados adquirem força e, eventualmente, destroem a vida. Quando permitimos que o pecado se desenvolva plenamente, ele se prevalece e destrói uma vida.

Diga a verdade a si mesmo

"O pecado é um grande peso para se carregar. Obrigado, Deus, por eu não precisar carregá-lo, pois Cristo já o fez por mim. O problema do pecado na minha vida foi completamente solucionado na cruz. Quando Cristo foi crucificado e morreu, o meu eu pecaminoso também morreu. Em sua ressurreição, eu também nasci para uma nova vida. O que, então, o pecado pode agora fazer contra mim? Nada. Ele não é mais o meu mestre, pois agora não estou mais sob a lei, mas sob a graça."

Ore acerca da promessa

Obrigado, Pai, por Jesus, aquele que tomou sobre si o meu pecado. Estou livre da penalidade e do poder da minha iniquidade. Pelo poder do teu Espírito, vivo agora uma vida que resiste ao pecado, pois ele já não é mais o meu mestre. Obrigado, Pai, pela graça que me capacita a viver vitoriosamente. Que notícia maravilhosa!

Ou o pecado está com você, pesando sobre seus ombros, ou ele está em Cristo, no Cordeiro de Deus. Se ele estiver sobre seus ombros, você está perdido; mas se ele estiver em Cristo, você está livre, e você será salvo. Agora, decida o que você prefere.

— Martinho Lutero

DEUS ALIVIA MINHA **TRISTEZA** COM A SUA COMPAIXÃO

A Palavra de Deus

O choro pode persistir uma noite,
mas de manhã irrompe a alegria.

— SALMOS 30:5

Misericórdia, SENHOR! Estou em desespero!
A tristeza me consome a vista, o vigor e o apetite.

— SALMOS 31:9

A minha alma se consome de tristeza;
fortalece-me conforme a tua promessa.

— SALMOS 119:28

A tristeza tomou conta de mim;
o meu coração desfalece.

— JEREMIAS 8:18

A verdade

Cristo, o homem de dores, sofreu profundamente. Às vezes, nós também precisamos sofrer. Mas, como no caso de Cristo, nosso sofrimento dura apenas um breve tempo e, então, dá lugar à alegria. Enquanto sofremos, Deus está sempre presente como nosso Consolador.

Diga a verdade a si mesmo

"Quando estou de luto, acrescento paciência à minha tristeza, sabendo que isso é apenas um momento e que logo se iniciará uma nova fase. Enquanto isso, Deus está comigo, erguendo-me, garantindo que eu continue passo a passo na direção certa. Eu sei que, assim como Jesus chorou ao receber a notícia da morte de Lázaro, ele também chora durante meu luto. Toda tristeza pode trazer benefícios, mesmo que seja apenas para me ensinar a ter compaixão com outras pessoas em luto. Eu as consolarei em seu luto."

Ore acerca da promessa

Senhor, minha tristeza é profunda. Mas tua compaixão e teu consolo são ainda mais profundos. Obrigado por teu cuidado e teu amor. Acompanha-me nesta hora e ensina-me a confortar os outros em sua tristeza.

De cada lágrima derramada pelos justos, nasce uma pérola.

— Matthew Henry

DEUS É **SOBERANO**

A Palavra de Deus

"Senhor, Deus dos nossos antepassados, não és tu o Deus que está nos céus? Tu governas sobre todos os reinos do mundo. Força e poder estão em tuas mãos, e ninguém pode opor-se a ti."

— 2Crônicas 20:6

"Sei que podes fazer todas as coisas;
nenhum dos teus planos pode ser frustrado."

— Jó 42:2

O nosso Deus está nos céus,
e pode fazer tudo o que lhe agrada.

— Salmos 115:3

O Senhor cumprirá o seu propósito para comigo!

— Salmos 138:8

"Para Deus todas as coisas são possíveis."

— Mateus 19:26

A verdade

Deus controla o universo. É absolutamente maravilhoso que ele deseje usar nossas orações para realizar a sua vontade. Sem a nossa afirmação da soberania de Deus, nossas orações seriam fracas. Como poderíamos confiar num Deus que não fosse soberano para nos ajudar em tempos de necessidade? Nossa grande força na oração, então, não depende tanto de nós, mas do nosso Deus que, por causa de sua soberania, é capaz de responder as nossas orações.

O poder das promessas de Deus

Diga a verdade a si mesmo

"Eu sirvo a um Deus soberano. Na oração, eu professo as palavras de Jesus de que 'com Deus tudo é possível' — possível, porque Deus é o Mestre de tudo, porque ele possui a capacidade de alcançar o meu mundo e me ajudar a avançar na minha vida, muitas vezes de formas inesperadas e até mesmo curiosas. No entanto, os resultados de confiar num Deus Todo-poderoso consistem em saber que ele 'cumprirá o seu propósito para comigo.'"

Ore acerca da promessa

Deus Pai, tu és um Deus bom e soberano. Às vezes, é difícil, mas confio em tudo que fazes, mesmo quando eu não entendo. Oro para que, em tua soberania, tu operes em meu favor para que nada impeça o meu propósito. Eu completarei a corrida na qual tu me colocaste, Senhor.

A soberania divina não é a soberania de um déspota tirânico, mas o poder executado por alguém que é infinitamente sábio e bom. E por Deus ser infinitamente sábio, ele não pode errar; e por ele ser infinitamente justo, não comete injustiças. Esta então é a preciosidade dessa verdade. O mero fato de a vontade de Deus ser irresistível e irreversível me preenche com temor, mas uma vez que entendo que Deus deseja apenas o bem, meu coração regozija.

— Arthur W. Pink

QUANDO ENFRENTO UMA **GUERRA ESPIRITUAL,** EU SEMPRE DERROTO O INIMIGO

A Palavra de Deus

A nossa luta não é contra pessoas, mas contra os poderes e autoridades, contra os dominadores deste mundo de trevas, contra as forças espirituais do mal nas regiões celestiais.

— EFÉSIOS 6:12

Tendo despojado os poderes e as autoridades, [Cristo] fez deles um espetáculo público, triunfando sobre eles na cruz.

— COLOSSENSES 2:15

Submetam-se a Deus. Resistam ao Diabo, e ele fugirá de vocês.

— TIAGO 4:7

Filhinhos, vocês são de Deus e os venceram, porque aquele que está em vocês é maior do que aquele que está no mundo.

— 1JOÃO 4:4

A verdade

Apesar de Satanás ter sido derrotado, às vezes precisamos lembrá-lo (e talvez a nós mesmos) que não tem poder ou influência sobre nossas vidas. Os resultados de não assumirmos essa postura podem ser desastrosos. Dê a Satanás o mindinho, e ele pega seu braço inteiro.

Diga a verdade a si mesmo

"Minha luta não é contra pessoas. Minha luta é contra os poderes da escuridão e as foças espirituais do mal no âmbito celestial. Eu guerreio contra eles com grande sucesso porque os lembro constantemente e também a mim mesmo da vitória de Cristo no Calvário. Com ousadia, informo o inimigo de que ele não tem autoridade sobre minha vida. Seus esforços para destruir minha vida não podem ser bem-sucedidos. Jamais permito que Satanás firme seu pé em minha vida, antes ajo imediatamente contra essas estratégias."

Ore acerca da promessa

Pai, eu sei que tenho autoridade sobre o inimigo quando ele inicia um ataque espiritual. Eu te agradeço por não teres deixado teu povo sem defesa contra suas táticas. Obrigado porque me proteges e me dás força e poder. Eu venço Satanás por meio de Cristo. Louvado sejas, Senhor!

A vida cristã é uma guerra infinita no campo de batalha.

— Watchman Nee

MEUS **PASSOS** SÃO GUIADOS PELO SENHOR

A Palavra de Deus

O SENHOR firma os passos de um homem,
quando a conduta deste o agrada.

— SALMOS 37:23

Em seu coração o homem planeja o seu caminho,
mas o SENHOR determina os seus passos.

— PROVÉRBIOS 16:9

Os passos do homem são dirigidos pelo SENHOR.
Como poderia alguém discernir o seu próprio caminho?

— PROVÉRBIOS 20:24

Eu sei, SENHOR, que não está nas mãos do homem o seu futuro;
não compete ao homem dirigir os seus passos.

— JEREMIAS 10:23

A verdade

Quando nos encontramos numa trilha insegura, avançamos com cuidado para não tropeçarmos. Mas na trilha segura de Deus, com sua Palavra como nossa lanterna, nossos passos são firmes, pois foram determinados pelo Senhor. Mesmo que a lanterna nos mostre apenas os poucos passos à frente em nossa jornada, podemos caminhar com confiança tendo a luz da sua Palavra sempre à frente. Mesmo não sabendo para onde a jornada nos levará, sabemos que no fim do caminho Jesus nos espera. Precisamos apenas continuar caminhando, e chegaremos lá.

Diga a verdade a si mesmo

"Deus se alegra com o meu caminho. Portanto, meus passos são confiantes, firmados no caminho, pois sei quem está à minha frente, o iluminando. Meus passos seguem na direção correta — na direção da vontade de Deus para mim. Não olho para os caminhos dos outros com inveja. Deus tem um plano singular para a minha vida, e eu alcançarei o propósito preparado por Deus para mim quando eu der o último passo nesta terra."

Ore acerca da promessa

Passo a passo, Senhor, eu te sigo. Faze com que meu caminho seja reto; meus passos, firmes; minha lanterna, forte; e meus olhos firmados na linha de chegada. Com essa garantia, eu encontrarei Jesus esperando por mim no fim da estrada. Senhor, oro para que eu possa te ouvir dizer: "Bom trabalho, meu bom e fiel servo."

Tendemos demais a olhar e a observar como os outros caminham, o que não é fé, e a permitir que nossos passos sejam afetados pelos passos das pessoas à nossa volta. Mas quando o faço, minha alma não está vivendo o Espírito da vida em minha caminhada.

— G. V. Wigram

EU ENTREGO MINHAS **PREOCUPAÇÕES** AO SENHOR

A Palavra de Deus

"Não se preocupem com o amanhã, pois o amanhã se preocupará consigo mesmo. Basta a cada dia o seu próprio mal."

— MATEUS 6:34

Caminhando Jesus e os seus discípulos, chegaram a um povoado, onde certa mulher chamada Marta o recebeu em sua casa. Maria, sua irmã, ficou sentada aos pés do Senhor, ouvindo-lhe a palavra. Marta, porém, estava ocupada com muito serviço. E, aproximando-se dele, perguntou: "Senhor, não te importas que minha irmã tenha me deixado sozinha com o serviço? Dize-lhe que me ajude!" Respondeu o Senhor: "Marta! Marta! Você está preocupada e inquieta com muitas coisas; todavia apenas uma é necessária. Maria escolheu a boa parte, e esta não lhe será tirada."

— LUCAS 10:38-42

"Quem de vocês, por mais que se preocupe, pode acrescentar uma hora que seja à sua vida? Visto que vocês não podem sequer fazer uma coisa tão pequena, por que se preocupar com o restante?"

— LUCAS 12:25-26

A verdade

Cada geração tem seus próprios estresses. Os nossos podem ser diferentes daqueles que nossos avós tiveram que enfrentar, mas nosso Deus não mudou. Ele os guardou em seus estresses, e seus olhos veem nossas situações estressantes. Sabendo disso, devemos nos lembrar de que cada estresse é ou um sinal de que estamos confiando em nossa própria força ou de que estamos assumindo responsabilidades que Deus nunca nos atribuiu.

Diga a verdade a si mesmo

"A presença de Deus me acompanha para aonde quer que eu vá, qualquer que seja a situação estressante que eu esteja enfrentando. Portanto, não me preocuparei. Deus está disposto a assumir o meu estresse, por que, então, o guardaria para mim? Ele vê, ouve e sente o que eu sinto. Nada que me estresse foge à sua atenção. Ele é o filtro divino pelo qual tudo precisa passar antes de chegar a mim. Ele tem o remédio para cada estresse da minha vida — e este remédio é o descanso nele ou a renúncia de algumas responsabilidades que ele nunca quis que eu assumisse."

Ore acerca da promessa

Muitas vezes, Senhor, minha vida é estressante. Tu conheces as razões, as pessoas, os eventos, as agendas apertadas, o trabalho, as questões financeiras, de saúde, familiares — tu conheces tudo. Toma-os, Pai. Toma esse estresse e, em troca, dá-me a tua paz.

↬

Deus sabe com que cada um de nós está lidando. Ele conhece suas pressões. Conhece seus conflitos. E ele já tomou providências para cada um deles. Essa providência é ele mesmo na pessoa do Espírito Santo, que reside em nós e nos capacita a responder corretamente.

— Kay Arthur

DEUS DERRUBARÁ AS **FORTALEZAS** QUE ME MANTÊM PRISIONEIRO

A Palavra de Deus

O sábio conquista a cidade dos valentes
e derruba a fortaleza em que eles confiam.

— PROVÉRBIOS 21:22

Embora vivamos como homens, não lutamos segundo os padrões humanos. As armas com as quais lutamos não são humanas; pelo contrário, são poderosas em Deus para destruir fortalezas.

— 2CORÍNTIOS 10:3-4

A verdade

As fortalezas do Inimigo precisam ser derrubadas. Elas existem em áreas da nossa vida às quais permitimos ao inimigo o acesso temporário. Se não as destruirmos, elas se tornarão cada vez mais resistentes; e nós, mais fracos. Mas Deus deu até ao mais fraco entre nós o poder de vencer nossas fortalezas. Algumas fortalezas demoram a ser derrubadas, mas não devemos desanimar. Precisamos permanecer fortes na fé contra qualquer fortaleza que o inimigo tente construir em nós. Precisamos estar livres para viver.

Diga a verdade a si mesmo

"Fortalezas espirituais não surgem de um dia para o outro. Elas resultam de pensamentos desatentos que se arraigam na minha mente, e a partir daí Satanás encontra uma brecha para invadir minha vida. Eu as resisto desde o início. Não darei a Satanás a oportunidade de construir uma fortaleza a partir de um pensamento errado. As fortalezas do meu passado são derrubadas pela força plena da vitória de

Cristo em minha vida. Tudo que precisou ser feito para me libertar foi realizado na cruz. Agora, eu tenho a autoridade para reivindicar essa vitória para a minha própria vida. Fortalezas sempre se erguem sobre uma mentira. Eu trago a verdade contra essa força de resistência, e ela precisa sumir, mesmo que eu tenha que impor essa vitória ao longo de vários dias ou semanas. Não me submeterei ao peso de qualquer oposição de Satanás. Estou livre em Cristo, e pretendo resistir a cada tática do inimigo que tente me manter acorrentado. A liberdade de todas as fortalezas já é minha."

Ore acerca da promessa

Pai, tua intenção é que cada um de teus filhos esteja livre das fortalezas que nos mantêm cativos. Para tanto, destruo cada fortaleza do inimigo em minha vida. Reconquisto cada centímetro de solo que ele roubou de mim. Obrigado, Senhor, pela autoridade que me deste de expulsar Satanás e derrubar suas fortalezas em teu nome. Obrigado por me fazeres mais forte do que os meus inimigos espirituais.

~

Fortalezas espirituais começam com um pensamento. Um pensamento se transforma em reflexão. Uma reflexão se transforma em atitude, que leva a uma ação. Uma ação repetida se transforma em hábito, e um hábito estabelece uma "base de poder para o inimigo", ou seja, uma fortaleza.

— Elisabeth Elliot

CONFIAREI EM DEUS PARA ME AJUDAR EM MEU **SOFRIMENTO**

A Palavra de Deus

Este é o meu consolo no meu sofrimento:
A tua promessa dá-me vida.

— SALMOS 119:50

Se somos filhos, então somos herdeiros; herdeiros de Deus e co-
-herdeiros com Cristo, se de fato participamos dos seus sofrimentos, para que também participemos da sua glória. Considero que
os nossos sofrimentos atuais não podem ser comparados com a
glória que em nós será revelada.

— ROMANOS 8:17-18

O Deus de toda a graça, que os chamou para a sua glória eterna em
Cristo Jesus, depois de terem sofrido durante pouco de tempo, os
restaurará, os confirmará, lhes dará forças e os porá sobre firmes
alicerces.

— 1PEDRO 5:10

A verdade

O sofrimento nunca é agradável, mas, quando sofremos, podemos
saber que algo bom resultará disso. Por exemplo, aprendemos a ter
compaixão pelos outros. Vemos Jesus com maior clareza quando vis-
lumbramos sua disposição de sofrer por nossa culpa, mesmo sendo
inocente. Por quê? Porque ele enxergava além do tempo de sofrimento e via o resultado final. Havia um valor escondido em seu sofrimento. Talvez haja valor também no nosso?

O poder das promessas de Deus 257

Diga a verdade a si mesmo

"Eu não escolhi o sofrimento para a minha vida, mas às vezes ele acontece. Quando acontece, espero em oração, aprendendo o máximo que posso dessa situação. Tento especialmente imaginar como eu posso ajudar outra pessoa que esteja passando pelo mesmo. Não desperdiço meu sofrimento."

Ore acerca da promessa

Senhor, liberta-me logo do meu sofrimento. Eu aprendi muito, mas estou cansado. Obrigado pela tua promessa de que tu me restaurarás após este sofrimento. Usarei essa experiência para encorajar outros. Esse tempo não é um desperdício, Pai amado, mas agora preciso que essa provação chegue ao fim.

Ó filho do sofrimento, tenha paciência; Deus não o ignorou em sua providência. Ele que alimenta os pardais também dará a você o que necessita. Não se desespere; espere, espere na esperança para sempre. Levante as armas da fé contra o mar de dificuldades, e sua oposição encerrará seu desespero. Existe Alguém que cuida de você.

— Charles Spurgeon

ENTREGAR-ME SIGNIFICA PERMITIR QUE DEUS DIRIJA MINHA VIDA

A Palavra de Deus

"Meu filho, dê-me o seu coração;
mantenha os seus olhos em meus caminhos."

— PROVÉRBIOS 23:26

"Venham a mim, todos os que estão cansados e sobrecarregados, e eu lhes darei descanso. Tomem sobre vocês o meu jugo e aprendam de mim, pois sou manso e humilde de coração, e vocês encontrarão descanso para as suas almas. Pois o meu jugo é suave e o meu fardo é leve."

— MATEUS 11:28-30

Submetam-se a Deus.

— TIAGO 4:7

A verdade

Entregar-se a Deus trata-se de um ato de submissão absoluta a ele, sem reservas. Um ser perfeitamente conforme à vontade de Deus goza de liberdade. Semelhantemente, se recusarmos nossa submissão a Deus, nos privaremos do melhor que ele tem para nós, e diminuiremos nosso poder de viver a vida abundante, pois abundância vem apenas por meio da entrega absoluta.

Diga a verdade a si mesmo

"Deus se agrada muito em receber o que eu entrego a ele. Minha parte é entregar, a parte de Deus é receber. Mesmo assim, duvido tantas vezes de que ele receberá o que eu tenho a lhe entregar — sejam meus fardos, minha saúde, meus filhos ou minhas finanças — e assim minha entrega é fraca. Mas se eu pudesse ver o grande prazer com que Deus recebe os fardos que eu lhe entrego, eu não guardaria qualquer coisa para mim. Então, *não guardo nada para mim e entrego tudo a ele.*"

Ore acerca da promessa

Senhor, eu entrego tudo a ti. Mostra-me a alegria da entrega. Lembra-me, também, dos resultados desastrosos de não viver uma vida entregue a ti. Pela fé, Senhor, entrego tudo a ti. Sou completamente teu.

Dê a Deus a sua vida; ele pode fazer mais com ela do que você.

— D. L. Moody

POSSO PREVALECER SOBRE MINHAS **TENTAÇÕES**

A Palavra de Deus

Não sobreveio a vocês tentação que não fosse comum aos homens. E Deus é fiel; ele não permitirá que vocês sejam tentados além do que podem suportar. Mas, quando forem tentados, ele lhes providenciará um escape, para que o possam suportar.

— 1CORÍNTIOS 10:13

Quando alguém for tentado, jamais deverá dizer: "Estou sendo tentado por Deus." Pois Deus não pode ser tentado pelo mal, e a ninguém tenta. Cada um, porém, é tentado pela própria cobiça, sendo por esta arrastado e seduzido. Então a cobiça, tendo engravidado, dá à luz o pecado; e o pecado, após ter-se consumado, gera a morte.

— TIAGO 1:13-15

A verdade

Todos enfrentam tentações. *Todos*. Mas nem todos que sofrem uma tentação cedem à sua atração magnética. Alguns permanecem firmes, superam — e você pode ser um destes. Você não precisa ceder às compulsões que se alimentam de suas fraquezas naturais. Você *pode* encontrar o caminho de fuga que Deus providencia. Lembre-se, nunca é Deus quem o tenta. Na verdade, somos tentados por nossos próprios maus desejos. Deus não é a fonte da nossa tentação; ele é o consolo em meio a ela.

Diga a verdade a si mesmo

"Minhas tentações não são únicas. Outros estão tendo que enfrentar as mesmas tentações que eu. Até Jesus foi tentado, mas Deus é fiel e me oferece uma rota de fuga. Ele conhece meus limites e jamais permitirá que eu seja tentado além deles. Eu posso evitar as minhas tentações fugindo por todos os caminhos de escape que ele providencia. No passado, a tentação me atacava tão subitamente que eu nem tinha tempo de procurar pela saída oferecida por Deus; mas agora fico atento e sei como escapar à armadilha da tentação. Eu confio muito em Deus e me regozijo naquele que fez de mim um vencedor em cada situação — inclusive nas tentações. Agora, vejo cada tentação como novo desafio à força de Deus em mim. Seu poder sobrenatural em mim é mais forte do que qualquer tentação que me ataque."

Ore acerca da promessa

Pai, não gosto das tentações. Elas me levam a fazer coisas que não quero fazer — como bem sabes. Permanecendo firme na tua Palavra contra minhas tentações, confio na eficácia de tuas promessas. Eu ficarei atento a formas de escapar de cada tentação, e eu sei que não sofrerei nenhuma à qual eu não consiga resistir. Quando as tentações vierem, Senhor, não resistirei com minha própria força (na verdade, nem conseguiria), mas dependerei no teu Espírito para que ele me ajude a vencê-las.

↝

Minhas tentações têm sido meu doutorado em teologia.

— Martinho Lutero

TRANSBORDO DE **GRATIDÃO** A DEUS

A Palavra de Deus

Rendam graças ao Senhor, pois ele é bom;
o seu amor dura para sempre.

— 1Crônicas 16:33-35

Louvarei o nome de Deus com cânticos
e proclamarei sua grandeza com ações de graças.

— Salmos 69:30

Deem graças em todas as circunstâncias, pois esta é a vontade de
Deus para vocês em Cristo Jesus.

— 1Tessalonicenses 5:18

A verdade

Muitas vezes, estamos ocupados demais para nos lembrar de onde
viemos e de quem nos trouxe até aqui. Faça um intervalo para ações
de graças algumas vezes por dia e faça uma oração de gratidão. Seja
grato em *todas* as circunstâncias.

Diga a verdade a si mesmo

"Tenho muito pelo que agradecer, mesmo que muitas vezes eu
demore a expressá-lo. Eu conheço melhor do que qualquer outra pessoa todas as coisas pelas quais eu agradeço a Deus. Que Deus seja
louvado por todas elas."

O poder das promessas de Deus   263

Ore acerca da promessa

Senhor, cada dia da minha vida é um dia de ações de graças. Meu coração transborda de gratidão por tudo que tens me dado, por aquilo que estás fazendo em minha vida, pelo fato de que ainda estou aqui, vivendo o que tu planejaste para mim. Obrigado, obrigado, obrigado.

As ações de graças aproximam nosso coração de Deus e nos mantêm interagindo com ele; elas desviam nossa atenção de nós mesmos e dão espaço ao Espírito em nossos corações.

— Andrew Murray

DEUS RESERVOU BASTANTE **TEMPO** PARA TUDO NA MINHA VIDA

A Palavra de Deus

Mostra-me, SENHOR, o fim da minha vida
e o número dos meus dias,
para que eu saiba quão frágil sou.
Deste aos meus dias o comprimento de um palmo;
a duração da minha vida é nada diante de ti.
De fato, o homem não passa de um sopro.

— SALMOS 39:4-5

Ensina-nos a contar os nossos dias
para que o nosso coração alcance sabedoria.

— SALMOS 90:12

Tenham cuidado com a maneira como vocês vivem; que não seja como insensatos, mas como sábios, aproveitando ao máximo cada oportunidade, porque os dias são maus.

— EFÉSIOS 5:15-16

A verdade

Nossos dias estão nas mãos de Deus, não nas nossas. Temos tempo para tudo que Deus nos chama a fazer em nossas vidas. Não o desperdicemos naquilo para o qual ele não nos chamou.

Diga a verdade a si mesmo

"Deus conta os meus dias, e eu sou um bom administrador de cada um. Eu não me estresso por causa do tempo. Ele é meu amigo, não meu inimigo. Eu trato cada dia como um novo presente de Deus, pronto para ser vivido da forma mais plena no amor por ele. Eu honro a Deus com meu tempo, e ele parece expandi-lo milagrosamente para mim. Consigo fazer mais quando confio meu tempo a ele. Mesmo que, às vezes, eu me sinta pressionado, eu sei que há o tempo exato sobrando na minha vida para realizar todos os planos de Deus para mim. Eu não 'mato' o tempo, eu *poupo* o tempo."

Ore acerca da promessa

Cada minuto, Senhor, é um presente precioso teu. Ajuda-me a ser sensível ao tempo. Ajuda-me a saber quando devo trabalhar e quando devo parar e descansar. Ajuda-me a saber onde eu desperdiço meu tempo e a melhorar isso. Tu, Senhor, és o guardião dos meus dias. Protege-os para mim.

✎

O tempo nos foi dado para que o usássemos em vista da eternidade.

— Harry Ironside

MINHA **LÍNGUA** É UMA FONTE DE BÊNÇÃOS PARA OS OUTROS

A Palavra de Deus

"Enquanto eu tiver vida em mim, o sopro de Deus em minhas narinas, meus lábios não falarão maldade, e minha língua não proferirá nada que seja falso. Nunca darei razão a vocês! Minha integridade não negarei jamais, até à morte."

— JÓ 27:3-5

A minha boca falará sem cessar da tua justiça
e dos teus incontáveis atos de salvação.

— SALMOS 71:15

Coloca, SENHOR, uma guarda à minha boca;
vigia a porta de meus lábios.

— SALMOS 141:3

"O homem bom tira coisas boas do bom tesouro que está em seu coração, e o homem mau tira coisas más do mal que está em seu coração, porque a sua boca fala do que está cheio o coração."

— LUCAS 6:45

Nenhuma palavra torpe saia da boca de vocês, mas apenas a que for útil para edificar os outros, conforme a necessidade, para que conceda graça aos que a ouvem.

— EFÉSIOS 4:29

Se alguém se considera religioso, mas não refreia a sua língua, engana-se a si mesmo. Sua religião não tem valor algum!

— TIAGO 1:26

A verdade

Nossas línguas são instrumentos do bem ou do mal. Elas constroem ou destroem. Deus as criou para que construam. Talvez seja esta a razão pela qual existem tantos versículos na Bíblia que falem da nossa língua. Deus sabe quão valiosa ela pode ser quando fala palavras de cura aos que sofrem. Ele também conhece os danos que uma língua indisciplinada pode causar. Precisamos dominar nossas línguas rebeldes, e podemos fazê-lo com sua ajuda e poder.

Diga a verdade a si mesmo

"Minha língua fala da abundância do meu coração. Eu cultivarei meu coração com a Palavra de Deus e com pensamentos bons, e minha língua compartilhará palavras positivas, encorajadoras e edificantes. Minha língua não participará de fofocas, mentiras, palavrões ou qualquer tipo de conversas destrutivas. Minha língua é uma fonte de vida para aqueles com quem eu falo. Palavras curadoras saem da minha boca. Palavras danosas são veneno para os meus lábios. Minha língua se deleita ao louvar a Deus por sua bondade comigo. Minha língua, como todo o resto do meu corpo, pertence completamente a Deus e é completamente santificada."

Ore acerca da promessa

Pai, que minha língua cure e não fira. Coloca uma proteção em meus lábios para que eles não professem palavras que machucam. Usa minha língua para oferecer louvores a ti e orações e encorajamento àqueles que precisam de tua ajuda.

⌇

Amados, Deus santificou suas línguas? Vocês querem que ele o faça? Vocês lhe dão o controle sobre este membro e, a partir de agora, cedem a ele o direito de suprimi-la, de protegê-la de palavras vãs, falsas ou tolas e de usá-la como instrumento de sua vontade e serviço?

— A. B. Simpson

CONTINUAREI CONFIANDO EM DEUS MESMO QUE OCORRA UMA **TRAGÉDIA**

A Palavra de Deus

Deus é o nosso refúgio e a nossa fortaleza,
auxílio sempre presente na adversidade.
Por isso não temeremos,
embora a terra trema e os montes afundem no coração do mar,
embora estrondem as suas águas turbulentas
e os montes sejam sacudidos pela sua fúria.

— SALMOS 46:1-3

Não terá medo da calamidade repentina nem da ruína que atinge os ímpios, pois o SENHOR será a sua segurança e o impedirá de cair em armadilha.

— PROVÉRBIOS 3:25-26

"Eu lhes disse essas coisas para que em mim vocês tenham paz. Neste mundo vocês terão aflições; contudo, tenham ânimo! Eu venci o mundo."

— JOÃO 16:33

A verdade

Deus está conosco e nos protege em todas as situações, até mesmo nas tragédias. O fato de ele estar conosco é a coisa mais poderosa e confortadora que podemos imaginar. Sua presença estará nos acompanhará nos tempos mais difíceis da nossa vida, reafirmando de seu cuidado, proteção e amor infinito.

Diga a verdade a si mesmo

"Ninguém passa pela vida sem viver algum tipo de tragédia e vários eventos trágicos. Jó se questionou diante das tragédias de sua vida, mas se recusou a culpar a Deus. Em virtude dessa sua reação, seus últimos anos foram mais prósperos do que os primeiros de sua vida. O mesmo se aplica a mim. Durante a tragédia, talvez eu tenha que rebater a tentação de ficar deprimido. Talvez tenha que lutar para manter meus olhos voltados para o futuro. Deus me levará para um futuro melhor. Ele sempre o faz."

Ore acerca da promessa

Senhor, a tragédia traz muitas, muitas lágrimas. Ajuda-me a reconhecer meu caminho em meio a esse terremoto na minha vida. Ajuda-me a atravessá-lo com tua força, caso contrário não sobreviverei. Por mais difícil que seja, expressarei minha fé em meio a esse horror. Acreditarei que tu não me abandonaste, mas que estás do meu lado neste momento. Guia-me passo a passo para o outro lado deste túnel escuro. Cura depressa o meu coração.

Quando um trem entra num túnel e tudo escurece, você não joga sua passagem pela janela e pula do trem. Você permanece sentado e confia no engenheiro.

— Corrie Ten Boom

MINHAS **PROVAÇÕES** SÃO OCASIÕES PARA DEUS MOSTRAR A SUA FIDELIDADE

A Palavra de Deus

Meus irmãos, considerem motivo de grande alegria o fato de passarem por diversas provações, pois vocês sabem que a prova da sua fé produz perseverança.

— TIAGO 1:2-3

Feliz é o homem que persevera na provação, porque depois de aprovado receberá a coroa da vida que Deus prometeu aos que o amam.

— TIAGO 1:12

Vocês exultam, ainda que agora, por um pouco de tempo, devam ser entristecidos por todo tipo de provação.

— 1PEDRO 1:6

Vemos, portanto, que o Senhor sabe livrar os piedosos da provação e manter em castigo os ímpios para o dia do juízo.

— 2PEDRO 2:9

A verdade

Jamais escaparemos das provações dessa vida, mas podemos receber o grande poder que acompanha cada provação. Pois as provações revelam nossa fé fraca, nossa dependência de nós mesmos e, muitas vezes, nosso amor por este mundo. Quando essas coisas são reveladas, tornamo-nos cientes da suficiência de Deus — e do poder dele para livrar-nos de nossas provações. Podemos permanecer seguros durante toda a provação, sabendo que Deus nos protege para evitar que tropecemos.

Diga a verdade a si mesmo

"Estou decidido a acreditar que *cada* provação que surgir no meu caminho esconde um propósito de Deus. Quando enfrento uma provação, vejo que Deus tem um propósito maior esperando por mim em seu fim. Então avanço diretamente em direção a esse propósito. Assim, a provação se transforma em mera trilha que me leva para onde Deus quer que eu esteja. Mesmo que provações sejam desagradáveis, sei que cada uma tem o propósito de realizar algo em mim e para mim. Deus não permite provações que desperdicem meu tempo e minha energia. Tampouco ele se alegre em ver como reluto em minha dor. Cada provação é um pacote que precisa ser desembrulhado para que eu possa descobrir a bondade que Deus quer que eu encontre."

Ore acerca da promessa

Senhor, usa esta provação para me fortalecer. Este é o único benefício possível que posso reconhecer nisso. Eu te louvarei durante toda a provação, caminharei em fé, mas certamente não pelo que vejo com meus olhos. Segura-me, Senhor.

De mil provações, não são quinhentas que operam para o bem do cristão, mas novecentas e noventa e nove delas, e mais uma.

— George Mueller

UMA ORAÇÃO NÃO RESPONDIDA É UMA CONTRADIÇÃO

A Palavra de Deus

"Eu lhes digo: tudo o que vocês pedirem em oração, creiam que já o receberam, e assim lhes sucederá."

— MARCOS 11:24

Quando pedem, não recebem, pois pedem por motivos errados, para gastar em seus prazeres.

— TIAGO 4:3

Os olhos do Senhor estão sobre os justos e os seus ouvidos estão atentos à sua oração.

— 1PEDRO 3:12

Esta é a confiança que temos ao nos aproximarmos de Deus: se pedirmos alguma coisa de acordo com a sua vontade, ele nos ouve.

— 1JOÃO 5:14

A verdade

Não existe oração não respondida. Cada oração é respondida. Às vezes, Deus diz sim; mas quando a resposta for não, existe essa promessa adicional, dada também ao apóstolo Paulo, de que a graça de Deus é suficiente. Se você não vir a resposta sobre algo pelo qual orou, continue orando até recebê-la. Não desista.

Diga a verdade a si mesmo

"Como uma criança que sussurra no ouvido do pai, eu sei que meu Pai celestial ouve cada uma das minhas orações. Ele ouve cada suspiro, cada lágrima, cada grito em agonia. Ele ouve com atenção e conhece a resposta que me dará antes mesmo de eu pedir. E essa resposta é sempre sua vontade e o melhor para mim. Minhas orações, sua Palavra e sua vontade cooperam para realizar seu fim desejado: sua perfeita vontade."

Ore acerca da promessa

Minhas orações, Senhor, devem estar perfeitamente alinhadas com tua vontade. Eu tentarei descobrir a tua vontade sobre um assunto antes de orar. Que minha vontade possa refletir cada vez mais a tua. Que essas orações possam ter um efeito eterno avançando a realização de teu fim desejado em mim e em minha vida.

Quando oramos "em nome de Jesus", as respostas são conforme sua natureza, e se achamos que nossas orações não são respondidas, isso se deve ao fato de não interpretarmos sua resposta de maneira correta.

— Oswald Chambers

EM CRISTO SOMOS TODOS IRMÃOS E CAMINHAMOS PARA A **UNIDADE**

A Palavra de Deus

Como é bom e agradável quando os irmãos convivem em união!

— SALMOS 133:1

Irmãos, em nome de nosso Senhor Jesus Cristo suplico a todos vocês que concordem uns com os outros no que falam, para que não haja divisões entre vocês, e, sim, que todos estejam unidos num só pensamento e num só parecer.

— 1CORÍNTIOS 1:10

Façam todo o esforço para conservar a unidade do Espírito pelo vínculo da paz.

— EFÉSIOS 4:3

Completem a minha alegria, tendo o mesmo modo de pensar, o mesmo amor, um só espírito e uma só atitude.

— FILIPENSES 2:2

Quanto ao mais, tenham todos o mesmo modo de pensar, sejam compassivos, amem-se fraternalmente, sejam misericordiosos e humildes.

— 1PEDRO 3:8

A verdade

Uma das últimas orações de Jesus foi que todos fossem "um". Eu creio que Deus respondeu a essa oração. Todos os cristãos verdadeiros são um nele. Nós precisamos apenas ainda agir de acordo com isso. Em nenhum lugar da Bíblia, o Corpo de Cristo, a Igreja, é retratada como algo diferente de *um* corpo. Não existem dois, três, quatro ou mais corpos

O poder das promessas de Deus   275

de Cristo. *Apenas um:* sua Igreja. Nós podemos ter opiniões diferentes em relação a certas doutrinas ou nossas liturgias podem ser um pouco diferentes, mas se formos realmente parte do seu Corpo, somos necessariamente um com todos os outros cristãos desse Corpo.

Diga a verdade a si mesmo

"Cristo é a cabeça do seu Corpo, que é a comunidade de cristãos, e assim cada crente em Cristo é um irmão ou uma irmã. São também incluídos todos os cristãos do passado, do presente e do futuro. Somos todos um Corpo. Nosso amor compartilhado pelo Senhor nos liga a ele, e todos que estiverem ligados a ele estão ligados também a mim. Eu não me concentro em supostas diferenças dentro do Corpo de Cristo. Todas elas desaparecerão na eternidade. Por que, então, não deveriam desaparecer já agora? Percebo que os cristãos que são perseguidos por sua fé aparentam ter uma unidade maior do que aqueles que não estão sendo perseguidos. Como é tolo esperar pela perseguição para nos amarmos uns aos outros. Não pretendo esperar por esse dia, caso chegue. Agora, falarei apenas bem dos meus irmãos e irmãs em Cristo. Falo para fortalecer a unidade e o amor. Não falarei para gerar divisões."

Ore acerca da promessa

Senhor, oro para que tu me dês uma visão daquilo que a unidade é para ti. Então, oro para que eu siga esta visão no meu convívio com meus irmãos e irmãs aqui na terra. Que tua Igreja possa ser uma, Senhor, assim como Jesus orou.

Para um verdadeiro filho de Deus, o laço invisível que une todos os cristãos a Cristo é muito mais delicado e duradouro e precioso; e na medida em que viermos a reconhecer que todos nós vivemos numa mesma esfera de vida com ele, aprendemos a ver cada cristão como nosso irmão, num sentido muito mais nobre do que qualquer relacionamento humano. Este é o único caminho para reunir discípulos de forma permanente.

— A. T. Pierson

NA MINHA **FRAQUEZA** ESTÁ A FORÇA DE DEUS

A Palavra de Deus

O SENHOR se voltou para ele e disse: "Com a força que você tem, vá libertar Israel das mãos de Midiã. Não sou eu quem o está enviando?"

"Ah, Senhor", respondeu Gideão, "como posso libertar Israel? Meu clã é o menos importante de Manassés, e eu sou o menor da minha família."

"Eu estarei com você", respondeu o SENHOR, "e você derrotará todos os midianitas como se fossem um só homem."

— JUÍZES 6:14-16

Ele fortalece ao cansado e dá grande vigor ao que está sem forças.

— ISAÍAS 40:29

Diga o fraco: "Sou um guerreiro!"

— JOEL 3:10

[O Senhor] me disse: "Minha graça é suficiente para você, pois o meu poder se aperfeiçoa na fraqueza." Portanto, eu me gloriarei ainda mais alegremente em minhas fraquezas, para que o poder de Cristo repouse em mim. Por isso, por amor de Cristo, regozijo-me nas fraquezas, nos insultos, nas necessidades, nas perseguições, nas angústias. Pois, quando sou fraco é que sou forte.

— 2CORÍNTIOS 12:9-10

A verdade

Todos têm fraquezas — muitas. Gideão certamente sabia o que significava ir à guerra com grande fraqueza; no entanto, Deus o instruiu a ir com a força que ele tinha. Até o apóstolo Paulo tinha suas

O poder das promessas de Deus   277

fraquezas. Mas ele sabia que é na fraqueza que descobrimos a verdadeira força de Deus.

Diga a verdade a si mesmo

"Tenho muitas fraquezas. Cada uma, porém, revela a força oculta de Deus. Sem minhas fraquezas, como eu a descobriria? Deus as permitiu exatamente por essa razão: ele sabia que eu teria que confiar em sua força para compensar minhas fraquezas. Paulo se regozijou em suas fraquezas; ele não se envergonhou delas, e eu não tenho vergonha de reconhecer as minhas. Quando o faço, reconheço que sempre em minha vida Deus tem sido minha força."

Ore acerca da promessa

Obrigado, Senhor, por minhas muitas fraquezas. Cada uma é apenas uma revelação do lugar em que tu manifestarás a tua força. Obrigado por eu poder confiar em tua força quando eu estou fraco. Ajuda-me a lembrar de que, quando eu estiver fraco, sou realmente forte em ti.

∽

Antes de ele dar força, precisamos sentir a nossa fraqueza. Devemos aprender essa lição lentamente, muito lentamente; e mais lentamente ainda devemos assumir a nossa fraqueza e assumir nosso lugar de impotência diante do Poderoso.

— Arthur W. Pink

DEUS NÃO ESCONDE SUA **VONTADE**

A Palavra de Deus

Quer você se volte para a direita quer para a esquerda, uma voz atrás de você lhe dirá: "Este é o caminho; siga-o."

— ISAÍAS 30:21

Aquele que sonda os corações conhece a intenção do Espírito, porque o Espírito intercede pelos santos de acordo com a vontade de Deus.

— ROMANOS 8:27

Não se amoldem ao padrão deste mundo, mas transformem-se pela renovação da sua mente, para que sejam capazes de experimentar e comprovar a boa, agradável e perfeita vontade de Deus.

— ROMANOS 12:2

A verdade

Como praticamente tudo na vida cristã, discernimos a vontade de Deus por meio da fé e da compatibilidade com sua Palavra. Se desejarmos cumprir a sua vontade, é isso que nós faremos. Deus não brinca de esconde-esconde com sua vontade. Ele a revela àqueles que o seguem na fé. Tampouco sua vontade é difícil de acatar. Ela é o caminho para a alegria.

Diga a verdade a si mesmo

"Eu me alegro em descobrir e cumprir a vontade de Deus. Eu abro mão da minha própria vontade, sabendo por experiência própria como ela é traiçoeira — e como é confiável a vontade de Deus. Sei que o caminho de Deus não é exaustivo. Na verdade, a vontade divina é sua recompensa para nós. Sou feliz em meio à vontade perfeita de Deus. O que pode me afetar aqui? *Nada!"*

Ore acerca da promessa

Tua vontade é a minha vontade, Senhor. Pela fé, faço a próxima coisa que sei que devo fazer, apenas para descobrir então o próximo passo que devo tomar depois disso. Sua vontade é assim revelada passo a passo, à medida que avanço na fé. Que tua vontade se realize na minha vida — tua perfeita vontade.

Deus é Deus. E por causa disso, ele é digno da minha confiança e obediência. Encontro descanso apenas em sua vontade sagrada, uma vontade que se encontra além de qualquer coisa que eu possa imaginar.

— Elisabeth Elliot

A **SABEDORIA** DE DEUS ME GUIARÁ E ME RECOMPENSARÁ

A Palavra de Deus

Se algum de vocês tem falta de sabedoria, peça-a a Deus, que a todos dá livremente, de boa vontade; e lhe será concedida.

— TIAGO 1:5

Se você for sábio, o benefício será seu; se for zombador, sofrerá as consequências.

— PROVÉRBIOS 9:12

Saiba que a sabedoria também será boa para a sua alma; se você a encontrar, certamente haverá futuro para você.

— PROVÉRBIOS 24:14

Tenham cuidado com a maneira como vocês vivem; que não seja como insensatos, mas como sábios.

— EFÉSIOS 5:15

Mas a sabedoria que vem do alto é antes de tudo pura; depois, pacífica, amável, compreensiva, cheia de misericórdia e de bons frutos, imparcial e sincera.

— TIAGO 3:17

A verdade

Existem dois tipos de sabedoria: a terrena e a divina. A Bíblia nos diz que a sabedoria de Deus nos recompensará. A sabedoria terrena também traz "recompensas", mas não do tipo que nós desejamos. Agarre-se à sabedoria divina. É difícil encontrá-la? Não de acordo com Tiago. Existe apenas uma condição: *peça-a com motivação pura.*

Diga a verdade a si mesmo

"Minha vida é uma busca pela sabedoria de Deus, que, quando eu a aplico em minha vida, traz grandes recompensas. Minha busca me leva às páginas da Bíblia, pois nelas a sábia mente de Deus me é revelada. Eu peço sabedoria, e Deus a dá. Quando ajo de acordo com a sabedoria que Deus me deu, os resultados são melhores para mim do que quando ajo de acordo com a minha própria e fraca sabedoria humana."

Ore acerca da promessa

Senhor, tu prometes uma esperança futura àqueles que encontram a sabedoria verdadeira; portanto, eu a busco. Dizes também que se ela me faltar, devo pedi-la e tu a darás. Então, ouve-me, Senhor, pois te peço sabedoria agora. Mostra-me como ser sábio em relação aos eventos e aos relacionamentos em minha vida. Ensina-me a sabedoria da tua Palavra, Senhor. Estou ouvindo.

Renunciemos de todo coração a tudo que esteja separado de Cristo e comecemos, a partir deste momento, a reconhecê-lo em todos os nossos caminhos, e façamos tudo, não importa o que seja, como culto a ele e para a sua glória, dependendo exclusivamente de sua sabedoria, sua força, sua bondade e sua paciência, e de tudo mais que seja necessário para realizar corretamente toda a nossa vida.

— Hannah Whitall Smith

EU ESCOLHO SER AMIGO DE DEUS, E NÃO DO **MUNDO**

A Palavra de Deus

"Que adiantará ao homem ganhar o mundo inteiro e perder a sua alma? Ou, o que o homem poderá dar em troca de sua alma?"
— MATEUS 16:26

"Se o mundo os odeia, tenham em mente que antes odiou a mim. Se vocês pertencessem ao mundo, ele os amaria como se fossem dele. Todavia, vocês não são do mundo, mas eu os escolhi, tirando-os do mundo; por isso o mundo os odeia."
— JOÃO 15:18-19

Não se amoldem ao padrão deste mundo, mas transformem-se pela renovação da sua mente, para que sejam capazes de experimentar e comprovar a boa, agradável e perfeita vontade de Deus.
— ROMANOS 12:2

Não amem o mundo nem o que nele há. Se alguém amar o mundo, o amor do Pai não está nele. Pois tudo o que há no mundo — a cobiça da carne, a cobiça dos olhos e a ostentação dos bens — não provém do Pai, mas do mundo. O mundo e a sua cobiça passam, mas aquele que faz a vontade de Deus permanece para sempre.
— 1JOÃO 2:15-17

Filhinhos, vocês são de Deus e [...] venceram, porque aquele que está em vocês é maior do que aquele que está no mundo.
— 1JOÃO 4:4

A verdade

O mundo do qual fala o Novo Testamento é a mentalidade que exalta o lugar do homem no esquema das coisas e rejeita o plano de Deus para o homem. Para muitos, o "mundo" exerce uma atração magnética que os leva a pensar e a agir de maneira contrária aos caminhos de Deus. Somos chamados para ser sal num mundo sem gosto, mas, às vezes, perdemos nosso sabor e chegamos a preferir os temperos do mundo aos sabores de Deus. Essa foi a situação dos israelitas durante sua fuga do Egito. Eles haviam se acostumado com a vida no Egito (um tipo de mundo na Bíblia) e desejavam voltar, mesmo que essa volta significasse um retorno para a escravidão. Quando desejamos o mundo, nós nos esquecemos da vida que levávamos como escravos do pecado.

Como cristãos, devemos encarar o fato de que não pertencemos mais a este mundo. O Reino ao qual pertencemos é um reino superior em todos os sentidos. Quanto mais nos tornarmos "cidadãos do Reino", menos atração este mundo exercerá sobre nós.

Diga a verdade a si mesmo

"Existe um 'espírito do mundo', e ele se tornou atraente para mim. Mas eu não cedo a essa atração, sabendo que a amizade com o mundo significa inimizade com Deus. Os tentáculos do mundo não podem me agarrar, pois este mundo não é o meu lar. Eu sou um estrangeiro num país estranho. Enquanto eu viver neste corpo terreno, eu estou no mundo, mas não sou dele. E maior é aquele que está em mim do que aquele que está no mundo. Eu repito: *maior é aquele que está em mim do que aquele que está no mundo!*"

Ore acerca da promessa

Pai, o mundo tem suas atrações, mas elas não são nada em comparação com a atração do teu Reino. Eu resisto à atração do mundo e permito que o teu Espírito me atraia para uma maior comunhão contigo.

⤶

Se você não sentir um forte desejo da manifestação da glória de Deus, isso não se deve ao fato de você ter bebido em abundância e agora estar satisfeito. É porque você tem bebido demais à mesa do mundo. Sua alma está entupida de coisas pequenas, e não há lugar para o grande.

— John Piper

EU NÃO PERMITO QUE OS
EVENTOS DO MUNDO ME AMEDRONTEM

A Palavra de Deus

Jesus [disse]: "Cuidado, que ninguém os engane. Pois muitos virão em meu nome, dizendo: 'Eu sou o Cristo!' e enganarão a muitos. Vocês ouvirão falar de guerras e rumores de guerras, mas não tenham medo. É necessário que tais coisas aconteçam, mas ainda não é o fim. Nação se levantará contra nação, e reino contra reino. Haverá fomes e terremotos em vários lugares. Tudo isso será o início das dores."

— MATEUS 24:4-8

"Estejam sempre atentos e orem para que vocês possam escapar de tudo o que está para acontecer, e estar de pé diante do Filho do homem."

— LUCAS 21:36

A verdade

Crise financeira, terrorismo, terremotos, guerras, enchentes, assaltos — tudo isso faz parte de eventos mundiais sobre os quais lemos diariamente. E a Bíblia nos ensina que virá um tempo em que os tais eventos assumirão proporções catastróficas. Jesus pergunta: "Quando o Filho do Homem vier, ele encontrará fé na terra?" Sim, encontrará. Nós seremos fiéis a ele.

Diga a verdade a si mesmo

"Ninguém além de Deus conhece o futuro. O homem não conhece o dia e a hora do retorno de Cristo. No entanto, Jesus apontou alguns sinais de sua vinda. Sinais que, segundo alguns, estão ocorrendo agora. Mas eu não temo os eventos mundiais, não importa se Cristo retorna durante a minha vida ou depois da minha morte. Em todo caso, Deus tem o poder de vetar qualquer loucura que Satanás tente desencadear na terra.

Creio que diante de eventos mundiais vindouros, Deus levantará uma forte presença entre seu povo. Ele sempre terá um povo por meio do qual possa demonstrar sua misericórdia, um povo que será testemunha da promessa de que ele não está disposto a permitir que alguém pereça, mas que deseja que todos se arrependam.

Pela graça de Deus, eu serei um desses fiéis. Eu encararei os problemas vindouros deste mundo. Não o farei com minha própria força — isso seria loucura — mas no poder de Deus. Entrego minha vida mais e mais a ele, para que ele opere por meio de mim, inclusive das minhas fraquezas. E Deus honra essa oração, plantando cada vez mais a coragem em meu coração. Maranata! Retorna em breve, Senhor."

Ore acerca da promessa

Não tenho medo do futuro, Senhor. Sei que, à medida que os eventos se desdobrarem, eu posso ser tentado a ter medo, mas devo sempre me lembrar de que tua Palavra nos advertiu para que pudéssemos nos preparar. Cada evento mundial avassalador significa que estamos nos aproximando do teu retorno.

Deus sabiamente não nos revelou os eventos futuros e guardou para si mesmo esse conhecimento, para que ele pudesse nos treinar na dependência dele e nos preparar para cada evento.

— Matthew Henry

EU ENTREGO A DEUS AS MINHAS PREOCUPAÇÕES E RECEBO A SUA PAZ

A Palavra de Deus

Entregue suas preocupações ao SENHOR, e ele o susterá;
jamais permitirá que o justo venha a cair.

— SALMOS 55:22

Somente ele é a rocha que me salva; ele é a minha torre alta!
Não serei abalado!

— SALMOS 62:6

"Eu lhes digo: não se preocupem com suas próprias vidas, quanto
ao que comer ou beber; nem com seus próprios corpos, quanto
ao que vestir. Não é a vida mais importante do que a comida, e o
corpo mais importante do que a roupa? Observem as aves do céu:
não semeiam nem colhem nem armazenam em celeiros; contudo,
o Pai celestial as alimenta. Não têm vocês muito mais valor do que
elas? Quem de vocês, por mais que se preocupe, pode acrescentar
uma hora que seja à sua vida?"

— MATEUS 6:25-27

"Não se perturbe o coração de vocês. Creiam em Deus; creiam
também em mim."

— JOÃO 14:1

Não andem ansiosos por coisa alguma, mas em tudo, pela oração e
súplicas, e com ação de graças, apresentem seus pedidos a Deus. E
a paz de Deus, que excede todo o entendimento, guardará os seus
corações e as suas mentes em Cristo Jesus.

— FILIPENSES 4:6-7

A verdade

A preocupação surge quando assumimos responsabilidades que Deus nunca nos atribuiu. É um sinal de que está na hora de entregar o assunto a Deus. Pode ser também uma preocupação desnecessária em relação a um evento futuro, talvez até em relação a algo que foge completamente ao nosso controle. Quando reconhecemos que Deus está no controle, podemos parar de nos preocupar. Claro, talvez seja necessário a pratica de não se preocupar, mas com as promessas de Deus em nossos lábios podemos fazê-lo mais rapidamente.

Diga a verdade a si mesmo

"No instante em que a preocupação se infiltrar em minha mente, eu resistirei imediatamente ao pensamento e voltarei minha atenção para Deus e seu poder sobre minha situação. Eu substituo a preocupação pelo louvor, sabendo que Deus já cuidou da minha situação."

Ore acerca da promessa

Senhor, tu tomas as minhas preocupações e as substitui com a tua paz. Eu entrego cada uma delas aos teus cuidados e descanso tranquilo. Nenhuma preocupação é pequena demais para ti, e nem tão grande que tu não consigas lidar com ela.

A preocupação não tira a tristeza do amanhã. Ela tira a força do hoje.

— Corrie ten Boom

DEUS ACENDE EM MIM O **ZELO** POR SERVI-LO

A Palavra de Deus

Nunca lhes falte o zelo, sejam fervorosos no espírito, sirvam ao Senhor.

— ROMANOS 12:11

Ele se entregou por nós a fim de nos remir de toda a maldade e purificar para si mesmo um povo particularmente seu, dedicado à prática de boas obras.

— TITO 2:14

A verdade

Zelo é o entusiasmo de Deus que inunda nosso ser interior e que se expressa em bons atos.

Diga a verdade a si mesmo

"Zelo não me falta, mas mantenho meu fervor espiritual servindo ao Senhor. Quando minha brasa ameaça esfriar, oro para que o sopro do Espírito Santo reacenda a chama apaixonada do meu zelo. Que o zelo do Senhor esteja em todos nós."

Ore acerca da promessa

Acende o fogo do meu amor por ti, Senhor. Faze-me arder por ti!

⤸

Almas cheias do Espírito ardem por Deus. Elas amam verdadeiramente. Elas servem a Deus com uma fé viva. Elas servem com uma devoção que consome. Elas odeiam o pecado com uma ferocidade que queima. Elas se regozijam com uma alegria que irradia. O amor é aperfeiçoado no fogo de Deus. Que nenhum homem que se una a nós tenha medo, e não queremos ninguém, senão aqueles que estão salvos, santificados e que ardem com o fogo do Espírito Santo.

— Samuel Chadwick

UM EXERCÍCIO FINAL

Ao fechar este livro, espero que você tenha a certeza de que as promessas de Deus são para você. Espero que, de agora em diante, você faça da Palavra de Deus a sua âncora.

Todos nós enfrentamos diferentes assuntos preocupantes, por isso quero lhe dar um breve exercício para ajudá-lo a começar a personalizar as promessas de Deus, para que elas satisfaçam suas necessidades específicas. Na página 293, você encontrará um molde vazio que poderá preencher de acordo com algumas necessidades que você esteja enfrentando da lista a seguir. Eu forneci os subtítulos, você preenche o restante.

Antes, porém, alguns pensamentos para ajudar você a se aquecer:

- Não se limite a uma única tradução da Bíblia. Algumas versões da Bíblia são mais claras do que outras ao falarem de um assunto específico.
- A fim de encontrar os versículos para determinado assunto, você pode usar uma concordância ou uma Bíblia organizada tematicamente. A primeira apresenta todas as palavras que ocorrem na Bíblia e diz onde elas podem ser encontradas, portanto, use uma concordância baseada na versão da Bíblia que você esteja usando. Uma Bíblia temática apresenta muitos dos tópicos da Bíblia.

Os temas a seguir são apenas sugestões. Se nenhum se aplicar à sua situação, simplesmente crie seu próprio tema identificando a sua necessidade.

"O abuso que sofri na minha infância não me define."

"O divórcio dói, mas eu me recuperarei."

"Eu faço parte do Corpo de Cristo, a Igreja."

"Eu superarei esta lembrança dolorosa daquele evento horrível."
"O fato de eu ser bipolar não destruirá meu futuro."
"Não permitirei que essa raiz de amargura me assombre."
"Oro e creio que Deus trará um reavivamento para este país."
"Deus é meu amigo — meu melhor amigo."
"Uma pessoa que amo morreu, mas Deus me ajudará a continuar."
"Meu orgulho cede à humildade quando reflito sobre Cristo."
"A escola é um desafio, mas Deus me ajudará a vencê-lo."
"Eu serei curada da lembrança do meu aborto."
"Deus me mostrará como deixar para trás essa traição."
"Deus tem a solução para meus ataques de pânico."
"Deus está comigo quando enfrento uma situação de *bullying*."
"Deus me chamou para ser um bom esposo."
"Deus me chamou para ser uma boa esposa."
"Eu não invejo os outros; tampouco sou ciumento."
"Graças a Deus, sua misericórdia é infinita."

Minha oração é que cada leitor de *O Poder das promessas de Deus* se torne um especialista em confiar nas maravilhosas promessas de Deus. Lembre-se de que a prática aperfeiçoa. Comece hoje a confiar que Deus cumpre suas promessas e permaneça firme nessa convicção durante todo a sua vida. Que a alegria de Deus seja também a sua!

Nick

ASSUNTO

A Palavra de Deus

Versículo 1:

Versículo 2:

(Acrescente outros versículos caso considere necessário ou apropriado.)

A verdade

Diga a verdade a si mesmo

Ore acerca da promessa

NOTAS

1. Beth Moore, Believing God (Nashville: B&H, 2004), p. 4.
2. David Wilkerson, *The Cross and the Switchblade* (Columbus, GA: Global Teen Challenge) p. 52-54.
3. *Newsletter* de David Wilkerson, 13 de junho de 2005.
4. "Is God Really in Control?", Joni and Friends, 1987, p. 9.
5. Faye Nunnelee Byrd, *Hope Restored: The Fork in the Road, Following a Traumatic Brain Injury* (Bloomington, IN: WestBow, 2013), p. 22-23.

Este livro foi impresso no Rio de Janeiro, em 2015,
pela Edigráfica, para a Thomas Nelson Brasil.
A fonte usada no miolo é Iowan Old Style, corpo 10,5/14,5.
O papel do miolo é Avena 80g/m², e o da capa é cartão 250g/m².